KB266496

뮤지컬의
아홉 가지 비밀

뮤지컬의 9가지 비밀

임찬묵 지음

문학수첩

이럴 줄 알았다

이럴 줄 알았다. 한국 뮤지컬에 세계의 관심이 쏟아질 날이 올 줄 알았다. 〈어쩌면 해피엔딩〉이 2025년 〈토니상Tony Awards〉을 휩쓴 것은 결코 우연이 아니다. 수년 전부터 분위기는 이미 감지되고 있었다. K콘텐츠가 세계에서 가장 핫한 트렌드로 떠오른 지 오래다. 그 분위기가 공연까지 이어졌다. 해외의 내로라하는 극장과 단체들이 한국 공연 콘텐츠를 찾기 시작했다.

오랫동안 한국 공연계는 해외 시장의 변방 취급을 받았다. 한국은 브로드웨이나 웨스트엔드에서 만든 멋진 뮤지컬을 수입해 가는 곳 정도였을 뿐이다. 하지만, 어느 순간부터인가 이런 시각이 급격하게 변했다. 가장 힙한 한국 콘텐츠를 먼저 확보하려는 의도가 노골적으로 보이기 시작했다. 이런 흐름에서 가장 대중적인 공연 콘텐츠인 뮤지컬이 하이라이트를 받는 것은 어쩌면 너무 당연한 결과였다.

하지만 뮤지컬에 관심이 많지 않은 사람들에겐 '갑자기 왜?'라는 궁금증이 들 것이다. 〈어쩌면 해피엔딩〉이라는 작품 자체가 낯설 것이다. 〈토니상〉 수상 뉴스가 떴을 때 내가 제일 많이 들은 질문은 "〈어쩌면 해피엔딩〉이 뭐야?"였다. 뮤지컬이라 하면 보통 〈라이언 킹〉이나 〈오페라의 유령〉, 〈지킬 앤 하이드〉 같은 서구권 공연들을 떠올린다. 〈어쩌면 해피엔딩〉이란 작품을 알고 있고, 그것이 브로드웨이에서 공연이 되고 있었다는 것을 아는 정도면 이미 '뮤지컬 애호가' 소리를 듣고 있을 것이다.

한국 뮤지컬은 특이하다. 제대로 된 시장이 형성된 지 채 한 세대가 지나지 않았다. 그 짧은 시간 동안 한국 공연시장에서 최대 규모를 차지할 정도로 성장했다. 뮤지컬은 한국에서 누구나 관람하기를 원하는 대중적인 장르다. 그런데 영상 미디어에 비하면 인지도가 너무도 낮다. 다수 대중에게 뮤지컬은 마이너한 콘텐츠다. 아무리 뮤지컬에서 잘나가는 배우라 해도 손에 꼽는 몇 명을 제외하고는 '쟤 누구니?' 소릴 듣는다. 시장 규모는 최대라는데 영화처럼 꾸준히 찾아본다는 사람을 주위에서 찾기 어렵다. 뮤지컬이 대단하고 고급스럽다는 인식을 가지고 있지만, 인지도는 낮다. 이상하지 않은가? 가장 잘나가는데 마이너라니, 너무 모순되지 않은가?

지금 한국 뮤지컬의 성공을 이해하기 위해서는 이런 특이한 현상을 설명할 수 있어야 한다. 그러나 이런 질문에 제대로 된 답을 주는 책은 찾기 힘들다. 해외 문헌들은 한국 실정에 그대로 적용하기 어려운 내용들이 많다. 한국 뮤지컬을 연구한 논문도 별로 없다. 한국 공연시장에서 뮤지컬이 대표 장르로 자리 잡고 있는데, 그것을 정확히 풀어낸 문헌을 찾기 어려운 것이 현실이다. 답답했다. 그래서 생각이 들었다. 내가 책을 써야겠다. 아무도 말해주지 않는 한국 뮤지컬의 비밀을 이해할 수 있는 길을 찾아보자.

관객으로서는 볼 수 없는 많은 속사정들이 작품 뒤에 있다. 나는 내부자로 누구나 알만한 뮤지컬들 제작에 참여해 보았다. 문헌 연구 경험, 브로드웨이 본토 연수 이력도 있다. 직접 겪은 시간들 속에서, 지금 한국의 뮤지컬 특성을 조금이라도 더 깊이 이해할 수 있었다. 또, 왜 지금 K뮤지컬이 주목을 받는지, 해결해야 할 문제는 어떤 것인지 파악할 실마리를 찾으려 꾸준히 연구했다. 난 이 책을 통해 몇 가지 질문을 던져 독자와 함께 그 단서를 찾아볼 것이다.

한국 뮤지컬을 제대로 연구하기엔 아직 상황이 열악하다. 무엇보다 제대로 된 자료가 축적되어 있지 않다. 특히 2000년대 이전 내용을 쓰기 위해 기댈 수 있는 자료는 책 서너 권과 소수의 논문들밖에 없었다. 역사적 사실을 확인할 방법은 신문 기사와 문예연감 정도가 거의 전부였다. 그만큼 이 책에 담긴 내용에 오류가 있을 수 있다. 뮤지컬 연구가 축적되어 더 확실한 증거로 여기 있는 내용을 논박한다면 기쁘게 받아들일 각오로 썼다.

또, 이 책은 한국의 특이한 현상들에 대해서도 조금은 민감한 논쟁점들을 던질 것이다. 너무도 당연하게 쓰고 있는 용어나 개념에 대해 내 나름의 해석을 가할 것이다. 이런 작업은 언제나 생경함과

거부감을 주기 마련이다. 이 때문에 나의 해석에 타당성을 부여할 수 있는 여러 근거를 찾으려 노력했다. 나의 노력이 부족한 부분에 더 설득력 있는 해석을 찾아내 들려준다면, 그 또한 환영할 일이다.

이런 한계가 있음에도 이 책을 쓴 이유는 확실하다. 여기에 던진 내용들에서 한 발자국 더 나아가길 바라기 때문이다. 관점에 동의해서 더 깊게 쳐다볼 수 있으면 좋다. 반대로, 그것을 비판하며 새로운 방향을 제시해도 좋다. 아직 그 잠재력의 반도 펼치지 못한 한국 뮤지컬이 발전할 수 있다면 무엇이든 좋다. 지금 막 세계의 주목을 받기 시작한 이곳의 뮤지컬을 정확히 바라보고 우리의 경쟁력을 찾을 수 있게 되길 바랄 뿐이다. '이럴 줄 알았다'는 나의 생각이 온전히 현실로 구현되길 희망하며, 이야기를 시작할까 한다.

01

〈오페라의 유령〉은 왜 오페라가 아닌가?

뮤지컬을
아시는가

뮤지컬 〈오페라의 유령〉 포스터
(에스앤코 제공)

10여 년 전 일이다. 업무 관련 술자리가 생겼다. 취재기자들에게 도움을 주는 분들이 모였다. 변호사 몇 분과 이탈리아에서 유학을 하고 온 사업가 한 분이 참석했다. 내겐 모두 초면인 사람들이라 서로를 탐색하는 대화들이 오고 갔다. 정치 얘기, 먹고사는 푸념처럼 서먹한 사람 사이에 하는 주제들을 떠들었다. 그러다 문화예술에 대한 주제가 나왔다. 기자들이 내가 그 분야에 관심이 많다고 소개했다. 연구나 사업으로 확장하는 것까지 생각하고 있다는 것도 얘기했다.

이탈리아 유학파 사업가가 반색을 하며 오페라 얘기를 꺼냈다. 유학 중에 오페라의 매력에 완전히 빠진 것 같았다. 타지에서 외롭고 마음이 무거울 때 오페라로 그 감정을 해소했단다. 음악도 너무 좋고, 극장의 분위기도 너무 좋았단다. 가수들의 아름다운 노래를 들으면 환상의 세계로 들어가는 것 같았단다. 오페라가 괜히 수백 년 사랑을 받는 것이 아니라며, 이탈리아에서 오페라는 너무 인기라고 했다. 이걸 왜 한국에서 적극적으로 공연하지 않는지 모르겠다는 이야기도 나왔다. 그렇게 한동안 열변이 이어졌다, 사실 난 오페라를 많이 보지도 않았고, 딱히 조예가 깊지도 않다. 클래식 음악에 대해 개론 수준의 지식만 가지고 있을 뿐이다. 이러니, 나로서는 형식적인 리액션을 반복할 수밖에 없었다.

그때였다. 같이 자리를 하던 변호사 한분이 이야기에 끼어들었다. "오페라요? 좋지요. 저 〈오페라의 유령〉 너무 재미있게 봤다니까요!" 아, 어쩌란 말인가. 〈오페라의 유령〉은 오페라가 아니라 뮤지컬인데. 술자리 분위기를 깨가며 지적질을 할 수는 없었다. 정적이 잠시 흐르고, 대화 주제를 황급히 다른 것으로 바꿨다.

헷갈릴 수 있다. 무대에서 노래를 부르고 연기를 하는 건 마찬가지다. 대본에 맞는 세트도 세워진다. 분장도 하고 의상도 갖춘다. 출연하는 캐릭터의 이야기가 무대 위에 흘러가는 것도 같다. 그런데, 오페라를 뮤지컬이라고 부르지 않는다. 오페라를 연주하는 오케스트라나 출연하는 가수들에게 '당신, 뮤지컬 하고 있군요'라고 하면 아마 좋은 소리를 듣진 못 할 것이다. 화를 내지 않으면 다행일 듯싶다. 태생, 발전해 온 과정, 그리고 지금 공연되는 형태까지 오페라와 뮤지컬은 다르다.

그럼, 여기서 질문 하나. '뮤지컬' 하면 어떤 모습이 떠오르시는지? 화려한 무대와 앙상블들의 군무가 그려질 것이다. 멋진 배우가

가슴 저미는 노래를 부르는 무대가 떠오를 것이다. 〈지금 이 순간〉
이나 〈맘마미아〉, 〈레베카〉처럼 자주 접하는 노래들이 생각날 수도
있다. 모두 조금씩은 다른 이미지로 기억하고 있을 것이다. 그러나
그 이미지들을 뮤지컬로 묶을 수 있는 공통적인 요소는 분명 있다.
무엇보다 무대에서 배우들이 연기하고, 이야기를 노래와 춤으로 보
여주는 것이 뮤지컬의 가장 기본적인 속성이다.

그렇다면, 여기서 다시 질문 몇 가지. 배우가 노래를 두세 곡 부르
는 연극이 있다면 뮤지컬일까? 판소리나 마당놀이는 또 어떤가? 조
금 심화시켜서, 악극은 뮤지컬인가? 모두 무대 위에서 배우들이 연
기하고 노래하고 춤을 추는 건 같다. 헷갈리지 않는가? 아마 저 질
문에 대해 몇몇은 뮤지컬이라 생각할 수 있겠지만, 더 많은 사람들
이 그렇지 않다고 답할 것이다. 왜 그럴까?

조금 어렵겠지만, 논문에서 보이는 뮤지컬의 정의 몇 개만 살펴보
자. "오페레타operetta 방식을 도입한 대사극과 극적인 노래 그리고
무용이 한데 어우러져 표현되는 종합연극"(박경선), "연극과 오페라,
무용극과 쇼가 혼재되어 있는 것"(유희성), "연극, 음악, 문학, 댄스,
미술, 조명 등 여러 가지 요소를 종합한 대중오락예술"(공동규). 꽤나
어렵고 복잡하게 서술되어 있다. '뮤지컬'이 뭔지 아주 간단할 것 같
더니 말로 풀어보면 어렵다. 특히 '오페레타 방식을 도입했다'는 말
은 뮤지컬의 역사를 알아야 이해할 수 있다. 이 말들을 쉽게 이해하
려면 어려운 개념들을 빼고 중요하게 여겨지는 키워드를 찾아봐야
한다. 먼저 뮤지컬은 다양한 예술 장르가 어우러지는 종합예술이다.

연극, 문학, 음악, 미술, 무용 등 적용되지 않는 예술분야를 찾는 것이 더 어렵다. 두 번째, 뮤지컬은 대중예술이다. 순수예술로 분류되는 오페라와 구분되는 가장 큰 차이점이 바로 여기에 있다.

학술적 정의를 조금 확장해 보면 노래 두세 곡 부르는 연극을 뮤지컬이라 부르지 않는 이유가 설명된다. 뮤지컬 공연을 잠시 생각해 보자. 〈영웅〉은 안중근 의사의 이야기를 다룬 작품이다. 그는 이토 히로부미를 저격한 죄로 법정에 선다. 일본인 재판관이 말한다. "피고 안중근, 마지막 변론의 기회를 주겠다" 안중근은 "제가 이토를 살해한 것을 하느님의 이름으로 사죄드립니다"라는 대사로 운을 뗀다. 그리고 대한제국 의병군 참모중장으로서 독립운동의 일환이었으며, 일제가 죄인이라는 것을 〈누가 죄인인가〉라는 노래로 변론한다.

이런 흐름은 뮤지컬이 아니고서는 불가능하다. 진지한 연극이 이어지다가 갑자기 주인공이 노래를 부른다고 상상해 보라. 〈햄릿〉에서 주인공이 괴로워하다가 "사느냐 죽느냐 그것이 문제로다"를 갑자기 노래로 부른다. 굉장히 당황스럽지 않겠는가? 〈로미오와 줄리엣〉에서 줄리엣을 만난 로미오가 발코니 아래서 갑자기 춤추고 노래를 부른다면, 손발이 오그라들지 않겠는가? 주성치의 코미디영화 같은 데서나 웃긴 장면을 연출하기 위해 생뚱맞은 뮤지컬 장면을 삽입한다. 그만큼 뮤지컬이 아닌 장르는 극의 흐름에서 노래나 춤이 나오는 것은 어색하게 받아들여진다.

〈영웅〉에서 안중근이 재판을 받는 장면은 무겁기 그지없다. 그럼에도 그가 〈누가 죄인인가〉를 부를 때 아무도 어색해하지 않는다.

오히려 그의 단호한 결의와 민족을 걱정하는 깊은 생각에 더 공감하게 된다. 대사로 풀어내는 연극 요소와 노래를 하는 음악 요소가 완전히 어우러진 종합예술이기 때문이다. 연극에서 노래를 한두 곡 부른다면, 그것은 극의 분위기를 잡거나 상황을 연출하는 정도에 그칠 수밖에 없다. 뮤지컬에서처럼 노래로 스토리를 진행시키고 감정을 더 극적으로 표현하는 역할을 하기 어렵다.

뮤지컬에서는 노래를 하게 되는 순간 즉 song moment를 적절히 가져가는 것이 중요하다. 연극에서는 감정이 북받치는 것을 대사와 연기로 표현한다. 뮤지컬은 거기서 한발 더 나아가 노래를 부를 수 있다. 대사만으로 표현할 수 없는 마음을 폭발시킬 때 노래를 하는 것이다. 사랑에 빠졌을 때, 슬픔에 괴로울 때, 중요한 결심을 했을 때 노래로 터져 나온다. 적절한 스토리와 감정선을 가져가다가 딱 필요한 순간 노래로 폭발시켰을 때 관객들이 더 깊은 울림을 느낀다.

춤도 마찬가지다. 기쁜 일이 있을 때, 또 괴로움에 몸부림칠 때 춤으로도 그것을 터트릴 수 있다. 대사는 문학, 노래는 음악, 춤은 무용에서 온 것이다. 노래를 하며 춤을 출 때 무대, 의상, 조명 같은 미술 요소의 도움을 받는다. 이렇게 서로 이질적인 장르들이 완전히 융합되어 극을 이끌어 가는 것이 뮤지컬이다.

오페라 vs 뮤지컬 ★

다시, 〈오페라의 유령〉으로 돌아가 보자. 이 작품에는 오페라로 착각할 만한 요소가 많다. 오페라 극장을 배경으로 한다. 유령 그리고 그와 사랑에 빠지는 여주인공 모두 오페라 가수로 설정되어 있다. 이렇다 보니 반주를 해주는 오케스트라의 구성이나 창법도 오페라와 비슷하다. 그럼 다른 점은 무엇일까? 무엇보다, 뮤지컬은 대중예술이고 오페라는 순수예술이다. 여기에서 두 장르의 차이가 시작된다.

오페라는 클래식음악 애호가를 대상으로 한다. 즉 고전음악에 대한 이해를 전제로 한다. 오페라는 음악의 예술적 완성도를 높이는 것이 가장 큰 목적이다. 관객 대부분은 이미 어떤 음악이 연주되는지 알고 온다. 새로운 곡을 들으러 가는 경우가 거의 없다. 과거의 걸작을 어떻게 해석하는지, 전체적인 연주의 완성도는 어느 정도인

뮤지컬 〈스위니 토드〉 중 한 장면
(좌측 배우는 이마, 우측 배우는 뺨에 마이크가 있다)

오페라 〈세비야의 이발사〉 중 한 장면
(배우들에게서 마이크를 찾아볼 수 없다)

지를 중요하게 생각한다. 뮤지컬은 불특정 다수를 대상으로 한다. 수익을 목표로 하는 대중장르다. 한 사람이라도 더 공연을 보게 만들어서 매출을 올리는 것이 궁극적 목표다. 작품을 알든 모르든 와서 감흥을 얻게 만들어야 한다. 그래서 더 쉽게 이해되고 다가갈 수 있어야 한다.

공연의 목적이 다르니, 디테일한 차이가 생긴다. 오페라는 출연하는 가수의 예술적 기량이 중요하다. 이 기량에는 발성이나 성량이 포함된다. 가수의 에너지만으로 극장 공간을 채우고 관객에게 감동을 줘야 한다. 이렇다 보니 마이크를 쓰지 않는다. 뮤지컬은 음악적 완성도보다 전달력이 더 중요하다. 작곡되는 음악의 결도 다르고, 대사와 연기도 오페라와 다르다.

예를 들면, 〈맘마미아〉는 아예 팝송 그룹인 아바의 노래로 만들어졌다. 애초에 오페라 발성을 요구하지 않는다. 〈오페라의 유령〉 정도가 오페라 분위기를 많이 가지고 있을 뿐, 그 외 대부분 작품들은 노래의 성격이 아예 다르다. 따라서 반드시 배우의 뺨이나 이마에 마이크를 달게 된다. 대중음악을 노래할 때 가수들이 마이크를 사용하는 것과 마찬가지다. 속삭이듯 감정을 전달하는 대사에도 확성장치는 꼭 필요하다. '사랑해요'라고 속삭이는데 마이크 없이 배에서 끌어 올린 오페라 발성으로 할 수는 없지 않은가.

눈치 빠른 독자들은 이미 알겠지만, 오페라에 출연하는 사람들은 '가수'지만, 뮤지컬 출연자들은 '배우'다. 아이돌 가수도 뮤지컬에 출연하는 순간 '뮤지컬 배우'라고 부른다. 또, 성악을 전공한 사람이 뮤지컬 배우로 캐스팅되는 경우는 있어도 뮤지컬 배우가 오페라 주인 공으로 나오는 경우는 없다. 오페라 무대에 아이돌이 주인공으로 나 온다고 상상해 보라. 파격으로 엄청난 뉴스가 되겠지만, 클래식 애 호가들이 그 공연을 보러 갈까? 오페라 가수에게는 정확한 발음, 발 성은 물론 고전 음악을 이해하고 본인 특유의 해석이나 기교로 보여 주는 것이 매우 중요하다. 뮤지컬 배우에게는 다른 것이 요구된다. 오페라의 발성으로 할 수 없는 것들이 많다. 춤을 추며 노래를 한다 거나, 속삭이는 대사와 노래를 자연스럽게 병행할 수 있어야 한다.

뮤지컬은 대중을 끌어모을 수 있는 오락성을 놓을 수 없다. 이 오 락성에는 음악 외의 요소들도 많다. 재미있는 연기, 화려한 춤, 특색 있는 무대가 종합적으로 어우러져야 한다. 즉 음악적 완성도에만 천 착할 수 없다. 〈오페라의 유령〉을 본 사람이라면, 누구나 말하는 몇 장면이 있다. 샹들리에가 떨어지는 신, 촛불의 바다를 노 저어 가는 장면, 2막 시작하고 나오는 화려한 가면무도회 같은 것들이다. 이 장면들이 단지 음악 때문에 인구에 회자되는 것은 아니다. 충격적인 무대효과, 기상천외한 연출, 화려한 볼거리가 함께하기 때문이다. 즉 뮤지컬에서 음악은 다양한 재미요소 중 하나로 이해해야 한다. 음악의 예술성이 가장 중요하고, 다른 요소들을 부수적인 것으로 생 각하는 오페라와 큰 차이가 있다.

오페라는 음악이 가진 순수한 아름다움을 전달하는 것을 최대 목 적으로 생각한다. 극을 실제로 보지 않아도 음악만 따로 떼어내서 감상해도 될 정도로 곡의 완성도와 연주자의 역량이 중요하다. 성악을 전공하고 오랜 시간 훈련을 받은 사람만이 오페라 무대에 선다. 곡을 연주하는 오케스트라도 마찬가지다. 공연은 예술성으로 평가된다. 이 때문에 평생을 연습과 공부에 몰두한다. 관객도 그만큼 음악적 전문성을 갖춰야 한다. 관객이 음악적 완성도를 판단할 수 있는 미학적 감각을 가지고 있다는 전제로 만들어진다.

뮤지컬도 음악이 중요하긴 하다. 그러나 음악 자체의 완성도보다는 더 많은 대중이 쉽게 다가갈 수 있게 만드는 것이 더 중요하다. 작품성을 높여 대중이 이해하기 어려운 지점까지 가면 상품성이 떨어진다. 뮤지컬의 아름다움은 상품 가치에 포함되는 한 요소다. 이처럼 순수예술을 지향하는 오페라와 뮤지컬은 거리가 있다. 이런 관점에서 〈오페라의 유령〉은 오페라의 창법을 일부 사용한 상업 공연 작품 즉 뮤지컬일 뿐이다.

논문에서 보이는 뮤지컬의 키워드, 즉 '종합예술', '대중 공연'이라는 두 측면을 찬찬히 살펴보았다. 이 말 속에서 들어있는 의미를 완전히 이해하면 뮤지컬의 핵심적인 성격을 머릿속에 그릴 수 있게 된다.

하지만 안타깝게도 학술적 정의로만으로는 마당놀이, 악극과의 차이점을 설명하기 어렵다. 한국이 가진 문화적 맥락을 파악하지 않으면 저런 장르들과 뮤지컬의 차이를 말하기 어렵다. 예술 콘텐츠들은 그것이 소비되는 사회의 문화적 배경에 따라 조금씩 다른 모습으로 이해되기 마련이다. 우리나라도 뮤지컬을 이해하고 소비하는 방식이 브로드웨이와 조금 다르다. 이 때문에 보편적인 정의만으로는

우리가 생각하는 뮤지컬을 정확히 설명하지 못한다. 특히 한국에서
는 보편적인 배경으로는 답하기 어려운 특이한 현상들을 자주 만나
게 된다. '우리에게 뮤지컬이 무엇인가?'라는 근본적인 질문은 매우
중요하다. 우리가 공유하고 있는 '뮤지컬'이라는 개념이 현재 한국의
뮤지컬 시장을 만들어 내기 때문이다. 나아가 지금 한국에서 발견되
는 많은 궁금증들이 다 이 질문에서 시작하기 때문이다.

브로드웨이 티켓 사이트에는
musical이 없다

★

뮤지컬을 더 심도 있게 이해하기 위해 브로드웨이 극장가 인근에 방을 잡고 두 달간 산 적이 있다. 그때, 무엇보다 먼저 결정한 것이 있었다. 당시 티켓 구하기가 하늘의 별 따기라는 〈해밀턴〉을 꼭 보고 싶었다. 뉴욕으로 떠나기 두 달 전에 미리 예약을 시도했다. 난생처음 브로드웨이 티켓을 예매하는 사이트인 티켓마스터Ticketmaster에 접속했다. 제목을 검색하고, 적절한 좌석을 고르는 데 애를 먹었다. 그렇게 한동안 끙끙댄 끝에 거금을 들여 간신히 예매에 성공했다.

어렵게 사이트에 접속한 김에 볼만한 작품이 있는지 둘러보고 싶었다. 예매사이트 메뉴에서 'Select Your Genre(장르를 선택하세요)'를 클릭했다. 그리고 'Musical'을 찾기 위해 위아래를 죽 훑어봤다. 그런데 이게 뭔가? 구분 중에 Musical은 눈을 씻고 봐도 찾을 수 없었다. ‘Art&Theater’ 분류 속에 Music도 Dance도 Theatre도 있고, Opera, Variety, Performance Art도 따로 구분되어 있는데, 뮤지컬은 별도의 장르로 되어있지 않았다.

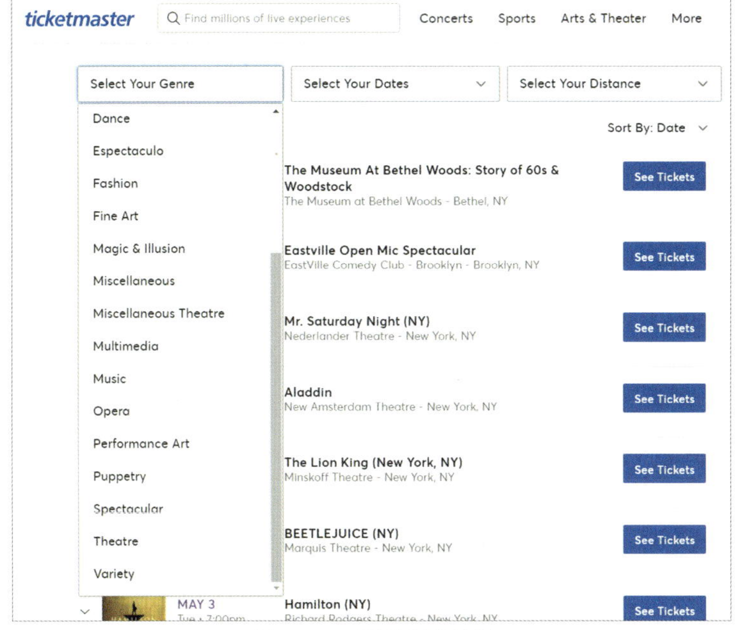

Ticketmaster 공연 예매 장르 구분

대학원에서 뮤지컬을 연구할 때도 비슷한 경험을 했다. 관련 문헌을 찾기 위해 해외 논문 사이트에 musical을 검색하면 뮤지컬 자료는 나오지 않고 음악 관련 문헌들만 잔뜩 나온다. musical은 그 자체로 음악에 대한 모든 것을 포괄하는 형용사이지 않은가! 원어로 된 책을 살 때도 마찬가지다. 반스앤노블Barnes&Noble 같은 영어권 서적

판매 사이트에 가서 아무리 musical을 검색해도 뮤지컬 관련 책은 몇 개 찾아지지 않는다.

왜 그런지는 영문 위키에 musical을 검색하면 아주 쉽게 이해할 수 있다. 이렇게 검색어를 넣으면 첫 번째가 형용사로서의 musical이 나온다. 즉 '음악의', '음악에 대한'이란 의미가 가장 먼저다. 두 번째로 Musical Theatre, 세 번째로 Musical film이 자리를 차지한다. 우리가 생각하는 뮤지컬은 Musical Theatre에 해당한다. 직역하자면 '음악극' 정도가 된다. 음악 요소가 들어간 연극이라는 뜻이다. 바로 이어서 Musical film의 의미로 사용된다는 것도 중요하다. 영어권 사람들에게 Musical이라고 하면 음악극인 뮤지컬을 떠올리긴 한다. 우리와 조금 다른 것은 그것이 연극 형식이냐, 영화 형식이냐 또한 중요한 문제라는 의미다.

이런 맥락에서 영어권 티켓 예매 사이트에서 뮤지컬 티켓을 구경하려면 'Theatre' 즉 연극 분류로 들어가야 한다. 이들에게 뮤지컬은 연극의 파생 장르로 받아들여진다. 배우가 무대 위에서 극을 보여주는 것이니 어쩌면 당연한 분류법이다. 뮤지컬의 고향인 브로드웨이니까 뮤지컬을 단독 장르로 더 중요하게 볼 것이라 생각하면 큰 오산이다.

미국에 뮤지컬 관련 학과로 유학을 가려 해도 같은 문제에 직면하게 된다. 뮤지컬학과는 찾기 어렵다. 나도 뮤지컬의 고향이자 본토이니 당연히 전공 학과가 많으리라 생각했었다. 하지만 실제로는 그렇지 않았다. '뮤지컬 학과'를 전면에 내세운 곳은 흔하지 않다. 뮤지컬을 구성하는 요소 중 자신이 공부하고자 하는 분야를 더 구체적으로 정하지 못하면 공부할 곳이 없다. 연극에 해당하는 Theatre, 공연을 포괄적으로 말하는 Performing arts 등을 가르치는 학과에서 더 세분화된 전공을 찾아야 한다. 관심에 따라서 뮤지컬과 관련된 분야 즉 무용, 성악, 연기 등 더 전문적인 교육 과정이 있는지 봐야 한다.

예를 들어 맨해튼 한복판에 있는 뉴욕대학교NYU를 보자. NYU의 단과대 중 하나인 티시 예술대학Tisch School of the Arts에는 다양한 공연 전공 과정이 있다. 연기, 무용, 드라마, 공연이론, 디자인, 작곡 등이다. 하지만 이 과정들이 뮤지컬 제작을 중심으로 하진 않는다. 즉 연기전공이라면 특별히 뮤지컬 연기에만 중점을 두진 않는다. 연기 그 자체가 중요하다는 의미다. 다른 곳도 마찬가지다. NYU 스테인하트 예술학교Steinhardt School of Culture, Education, and Human Development에 있는 뮤직 시어터 프로그램 정도가 뮤지컬 전문 과정이다. 여기에는 보컬 퍼포먼스Vocal Performance 전공이 석사 과정으로 개설되어 있다. 석사 과정이란 의미는 연기의 기본기가 잡힌 사람이 심도를 높여 뮤지컬이나 오페라에 대한 발성을 공부한다는 뜻이다.

이에 반해 우리나라는 뮤지컬을 하나의 독립된 장르로 뭉뚱그려 생각한다. 뮤지컬과가 개설된 학교도 많다. 뮤지컬에 특화된, 독자적인 커리큘럼을 운영하겠다는 의미다. 티켓 판매 사이트에는 당연히도 하나의 독립된 장르로 분류해 놓은 곳이 대부분이다. 뮤지컬이 가장 잘 팔리니 따로 구분해 놓은 것일 수도 있다. 하지만, 잠시 관

놀인터파크 뮤지컬 티켓 예매 페이지

점을 바꿔 생각해 보자. 연극과 뮤지컬을 밀접하게 연관해서 생각하고 두 장르가 소비자를 공유한다면 굳이 그 둘을 분리할 필요가 없다. 대부분의 한국 관람객들은 뮤지컬을 연극과 관련시켜 생각하지 않는다. 이 때문에 당연히 따로 분리해 판매하게 된다. 이런 현상들은 뮤지컬이 가지는 다양한 의미를 좁게 포괄해서 한 개의 개념으로 받아들이고 있다는 사실을 보여준다. 달리 말하면, 한국에서 뮤지컬은 연극이나 기타 연관 공연 장르와 구분되는 별개의 콘텐츠다.

그러나 뮤지컬은 연극을 기본으로 생각하고 만드느냐, 콘서트의 확장 버전으로 제작하느냐 혹은 또 다른 어떤 장르의 파생으로 보느냐에 따라 작품의 성격과 소비의 형태가 달라질 수 있다. 우리나라에서는 뮤지컬을 뮤지컬 그 자체로 생각하는 것처럼 보인다. 장르가 형성된 본토와 한국의 인식에는 차이가 있다. 이것은 뮤지컬이 두 지역에서 받아들여진 과정이 매우 다른 양상이었기 때문이다. 이 생

각을 잊지 말고 이 책을 읽으면 훨씬 재미있는 경험을 할 수 있을 것
이다.

한국에서
뮤지컬이란? ★

다른 질문을 해보자. 마당놀이나 악극은 왜 뮤지컬이 아닌가? 지금까지 살펴본 조건들에 대입해서 보자. 마당놀이나 악극이 순수예술인가? 너무 쉽게 대답할 수 있을 것이다. 이 두 공연 콘텐츠는 모두 대중들을 대상으로 한다. 오락거리를 제공해서 더 많은 수익을 올리는 것을 목적으로 한다. 그렇다면, 종합예술이 아닌가? 그렇지도 않다. 대사를 하다가 노래도 하고 춤도 춘다. 단지 분위기만 잡는 정도가 아니다. 노래와 춤으로 극을 전개시킨다. 대극장 뮤지컬만큼 제작비를 들일 여건이 되지 못해 완성도는 담보하지 못할 수 있다. 그렇지만, 개념상 뮤지컬이 가져야 하는 종합예술의 성격은 확실히 가지고 있다.

외국인 관람객이 악극이나 마당극을 보면 뮤지컬이라고 생각지 않

을까? 극을 풀어가는 정서나 연출의 방식이 조금 다를 뿐, 그 형태
는 뮤지컬이 맞다. 그렇다면 결국 한국 시장에서 특수하게 '뮤지컬'
이라는 개념에 저 두 장르가 들어가지 않을 뿐이라 생각할 수 있다.
뮤지컬을 연극이나 콘서트 같은 장르의 확장으로 생각하지 않듯, 마
당놀이나 악극과는 배타적인 개념이 되어있다. 무엇보다, 마당놀이
나 악극은 촌스럽다는 생각을 먼저 한다. 나이가 지긋한 관람객들이
과거의 정서로 보는 공연이라는 선입견을 가지고 있다. 그 반대편에
뮤지컬이 있다.

솔직히 '나 뮤지컬 보러 가'라고 자랑한 적이 있지 않으신지? 그 안
에 '있어 보이고 싶은' 마음은 없었는지? 만약 이런 질문에 '네'라고
답을 한다면 뮤지컬은 작품 밖에 사회적 의미를 가지고 있다는 뜻이
된다. 클래식 음악 같은 순수예술을 소비할 때 우리는 문화적인 교
양이 쌓이는 느낌을 받는다. 베토벤을 좋아한다는 사람과 대중가수
를 좋아한다는 사람을 만났을 때 같은 느낌이 드는가? 클래식 음악
들은 그렇다. 왠지 애호가라고 하면 더 있어 보인다는 생각이 든다.
그걸 이해하고 지식을 말할 수 있으면 교양 있다는 느낌을 받는다.
이런 느낌을 민망해할 필요는 없다. 원래부터 '고급예술'이라는 것이
있어왔고, 이런 작품들의 존재 이유 중에는 교양을 드러내기 위한
목적도 들어있기 때문이다.

부르디외는 이렇게 문화적 취향으로 계급을 나누는 엘리트 집단
의 속성을 분석한 바 있다. 혈연으로 세습되는 귀족계급은 없어진
지 오래다. 그렇지만 아직도 상류층으로 신분을 유지하려는 집단이

존재한다. 그들은 하류 계급과 다르다는 것을 보여주기 위해 고급스러운 취향을 몸에 익숙하게 갖추려고 한다. 부르디외는 이것을 엘리트들이 문화 자본culture capital을 쌓아 다른 계급들과 구별 짓는다distinction고 표현한다.

문화 자본은 돈으로 쌓을 수 있는 경제 자본과 다르다. 지식을 쌓고, 그것을 체화시켜서 고급문화를 이해하고 적절히 소비할 수 있는 능력을 말한다. 단순히 아는 수준을 넘어서서 자신의 취향으로 받아들였을 때 진정한 문화 자본이 된다. 어려운 미술작품이나 클래식음악 등을 편안하게 대할 수 있는 취향을 가지려면 꾸준한 훈련이 필요하다. 이것이 몸에 배 자연스럽게 나오는 아비투스habitus가 상류 계급을 구별 지을 수 있는 기준점이 된다. 사회적인 확장도 포함된다. 이런 문화를 공유하는 집단에 속하고, 서로 소통할 수 있는 사회적 맥락까지 문화 자본에 속한다.

순수예술은 이상적인 아름다움을 추구하는 미학적 배경과 더불어 기득권 계급의 문화 자본 역할을 하는 사회학적 배경을 깔고 있다. 이런 차원에서 원래부터 귀족들의 전유물이었던 클래식 음악은 당연히 고급예술의 범위에 들어간다. 오페라는 교양 있는 사람이 되기 위해 교육과 훈련을 받아야 제대로 소비할 수 있는 문화콘텐츠인 셈이다.

한국에서 뮤지컬은 부르디외가 지적한 구별 짓기의 수단이 되어 있는 것 같다. 적어도 우리나라에서는 뮤지컬이 클래식 음악에 필적하는 고급문화로 자리 잡은 것으로 보인다. 많은 사람들이 뮤지컬을 관람할 때 단순히 공연예술의 재미를 얻는 것만을 바라지 않는다. 다른 대중문화를 소비할 때와 다른 사회적 의미를 부여한다.

사실 이런 논리는 뮤지컬이 더 많은 사람이 봐야 하는 상업성을 근본으로 한다는 말과 모순된다. 뮤지컬도 작품성이 중요하다. 그렇지만 작품성을 아무리 높인다 하더라도 순수예술의 지위를 가질 수는 없다. 매출을 발생시키는 소비자보다 예술성에 더 집중해서 작품을 만들 수 없다. 애초부터 뮤지컬이라는 장르는 아름다움만을 추구하는 순수예술이 아니다. 표를 팔고 수익을 내야 하는 사업의 대상이다. 대중가요가 아무리 완성도를 높여도 순수예술이 될 수 없는 것과 마찬가지다.

나는 이렇게 순수예술이 될 수는 없으나 고급예술로 인식되는 한국의 뮤지컬이 명품소비 현상과 유사하다고 생각한다. 명품 가방이나 시계를 살 때 소비자들은 예술작품을 산다고 생각지 않는다. 하지만 이를 통해 자신이 상류계급임을 과시하려는 욕구를 보여준다. 한국에서 뮤지컬도 마찬가지다. 이것은 브로드웨이 관객들과 다른 한국 관객들의 특징이다. 왜 이렇게 된 것일까? 뮤지컬은 어떻게 만들어졌고, 어떤 성격을 가지도록 발전한 것일까? 그리고 한국에 뮤지컬이 들어올 때 어떤 일이 벌어진 걸까?

보통 본격적인 한국 뮤지컬 시장의 시작점을 2001년 〈오페라의 유령〉 초연으로 본다. 하지만, 정말 〈오페라의 유령〉 이전 한국에 뮤지컬이 없었을까? 잘 생각해 보면 1995년 초연된 〈명성황후〉도 있었다. 1994년 대학로에서 시작해 10년 넘게 공연을 이어갔던 〈지하철 1호선〉도 있다. 배우의 연기와 노래를 통해 이야기가 진행되는 공연을 뮤지컬이라고 부를 수 있다면 1980~90년대 인기를 끌었던 마당놀이도 있고 악극도 있다. 더 과거로 거슬러 올라가면 최초의 한국형 뮤지컬이라는 1966년 작 〈살짜기 옵서예〉도 있다. 〈살짜기 옵서예〉 이전 시기에도 노래와 연기가 함께 어우러진 공연물들은 꾸준히 제작되었을 것이다. 한국 사람들은 춤과 노래를 좋아한다. 그런 정서를 반영한 공연이 없었을 리 없다.

그 작품들이 지금 우리가 보는 뮤지컬과 밀접한 관련이 있을까? 냉정하게 보면 과거의 뮤지컬 혹은 그 인접 장르는 현재 우리가 생각하는 뮤지컬 작품과 간극이 있다. 독자 중에도 마당놀이, 악극, 나아가 〈지하철 1호선〉이나 〈살짜기 옵서예〉는 현재 우리가 보는 뮤지컬과 조금은 다른 성격이라고 생각하는 사람이 있을 것이다.

왜 그럴까? 지금 우리에게 뮤지컬은 무엇인가? 우리 뮤지컬 시장이 〈오페라의 유령〉 초연에서부터 시작되었다는 말은 많은 의미를 함축하고 있다. 폭발적으로 성장한 시장의 첫 사례라는 의미에 더해 지금 우리가 '뮤지컬'이라고 부르는 콘텐츠의 성격이 무엇인지 유추할 수 있기 때문이다. 지금부터 현재 한국 공연계에서 뮤지컬은 어떤 모습이고 거기에 담긴 사회·문화적 의미는 무엇인지 차근히 생각해 보자.

02

브로드웨이는 왜 공연의 중심지가 되었나?

꿈의 무대,
브로드웨이

뮤지컬의 본고장은? 누구든 바로 '브로드웨이'라고 답할 것이다. 뮤지컬을 만드는 제작자, 창작자, 배우는 물론 관심 있는 애호가들 모두 브로드웨이를 선망한다. 세계의 수도로 여겨지는 뉴욕 맨해튼, 그 한복판 브로드웨이 극장가에는 지구상에서 가장 핫한 공연이 올라간다. 화려한 뮤지컬 광고들이 그 심장부 타임스퀘어를 1년 365일 24시간 꺼트리지 않고 밝힌다. 공연의 메카로서 브로드웨이의 명성은 그 누구도 부정할 수 없다.

브로드웨이리그The Broadway League의 통계에 따르면 2023-2024 시즌 브로드웨이 쇼의 총 관객 수는 약 1,229만 명이었다. 5천만 대한민국 인구 대비 1/4 정도가 봤다는 말이다. 티켓 매출액은 미화 15억 3,900만 달러였다. 요즘 환율을 어림잡아 달러당 1,400원으로 계산

브로드웨이 뮤지컬 광고판들

하면 한화 2조 1,500억 원이 넘는 액수다. 이것도 코로나 팬데믹 때문에 줄어든 규모다. 코로나 시기 직전인 2018-2019 시즌 총 관객 수는 1,477만 명, 매출액은 18억 293만 달러였다. 더 놀라운 것은 이 숫자가 맨해튼 내 모든 극장의 매출액이 아니라는 점이다. '브로드웨이급 극장'으로 보는 500석 이상의 41개 대극장에서 벌어들인 수입만 집계한 것이다. 2024년 기준 전국 전체 규모를 4,600억 원 정도로 보고 있는 한국 뮤지컬 시장과는 비교할 수 없는 수준이다.

브로드웨이 공연이 뉴욕 경제에 끼치는 파급효과까지 계산하면 그 액수는 훨씬 더 커진다. 인근 식당, 쇼핑, 숙박, 교통 등에 미치는 영향은 매우 직접적이다. 나아가 공연의 해외 투어 수입, 저작권료, 파생 콘텐츠의 판매 수익까지 고려하면 그 규모가 어마어마해진다. 전 세계에 미치는 문화적 영향력은 또 어떤가? 세계 공연장들과 거기 올라가는 작품들은 브로드웨이 쇼를 전범으로 만들어지는 경우가 허다하다. 제작자들은 브로드웨이에 공연을 올리는 것을 평생의 꿈으로 여긴다. 창작자들과 배우들에게도 브로드웨이 무대에 올라가는 것만 한 영광이 없다.

여기서 궁금증이 생긴다. 왜 브로드웨이인가? 왜 뮤지컬은 예술적 자원이 충분했던 유럽에서 발달하지 않았을까? 왜 역사가 일천한 신대륙 미국, 그것도 뉴욕 브로드웨이에서 완성되었을까? 유럽은 음악, 연극, 미술, 무용 등의 전통이 유구하고 인적자원도 풍부하다. 극장 같은 기반 시설 또한 세계 어느 곳보다 먼저 발달했다. 그러나 뮤지컬은 그 어떤 곳도 아닌 브로드웨이에서 형식적으로 완성되었다. 유럽의 여러 공연물에서 뮤지컬이 가지는 장르 특성들이 조금씩 보이긴 했다. 하지만, 그것들이 모두 유기적으로 융합된 곳은 미국, 브로드웨이였다. 이것은 브로드웨이가 가진 독특한 경제, 사회, 문화적 환경 때문이었다.

목숨 걸고
대서양을 건넌 이민자들

신대륙 개척기, 유럽에서 미국으로 넘어간 이민자들은 어떤 사람이었을까? 유럽에서 자리 잡고 잘살던 사람들이었을까? 상상을 해보자. 모든 것을 버리고 생활 기반이 전혀 없는 곳으로 가야 하는 일이었다. 대서양을 건너는 것 또한 고됐다. 지금처럼 비행기로 몇 시간이면 되는 여정이 아니었다. 이민자들이 얼마나 힘들었는지 짐작해볼 수 있는 기록이 많다.

1620년 9월 16일이었다. 청교도 35명을 포함한 102인의 잉글랜드 이민자를 태운 메이플라워호가 신대륙을 향해 출발한다. 이들을 미국 초기 이민사를 대표하는 '필그림 파더스Pilgrim Fathers'라고 부른다. 그리고 66일간 대서양을 건넌다. 여섯 시간이 아니라 두 달 하고도 일주일이 걸린 것이다. 재정비를 위해 맨 처음 닿은 곳은 케이프코

필그림 파더스의 출발(〈Departure of the Pilgrim Fathers From Delfshaven〉(1620), Adam Willaerts)

드라는 곳이었다. 그간 배에 탑승했던 인원의 절반에 가까운 49명이 사망했다. 배 안에 병이 돌고 극심한 유혈 갈등이 벌어진 결과였다. 남은 53명이 모두 행복하게 잘 살아남은 것도 아니다. 유럽보다 더 심한 겨울 날씨가 그들을 기다리고 있었다. 집도 절도 없는 곳을 맨손으로 일궈야 하는 일이었다. 아무 기반 시설이 없는 환경에 적응하는 것은 보통 일이 아니었다. 또 많은 사람들이 세상을 떠났다. 끔찍한 결과였다.

이러니 유럽에서 자리를 잡고 먹고살 만한 사람들은 굳이 신대륙에 가는 모험을 할 이유가 없었다. 필그림 파더스들도 대부분 종교 박해를 받는 청교도나 범죄 전과로 사회에 적응하기 힘든 사람들이었다. 사회의 마이너들이 목숨을 걸고 이주를 한 경우다. 물론 뮤지컬 역사에 대한 얘기는 그로부터 200년 가까이 지난 시점이 될 것이다. 그렇다 하더라도 이런 상황이 모두 없어진 것은 아니다. 여전히 미국 땅은 아직 인간답게 살 수 있는 기반이 충분하지 않은 개척지였다. 유럽의 삶이 팍팍한 사람들이 도박 같은 모험을 걸고 가는 곳이었다.

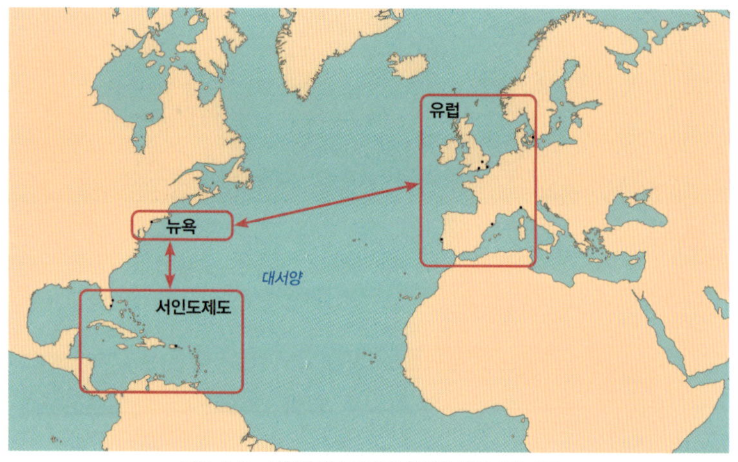

유럽-뉴욕-서인도제도 지리적 위치와 삼각무역 경로

뉴욕이 지금처럼 성장하게 된 것은 18세기에 들어서부터다. 당시 유럽에서 차 문화가 발달하며 설탕 수요가 급증했다. 설탕은 중세 시대부터 하얀 금white gold이라고 부를 정도로 귀했다. 유럽 기후에서는 사탕수수를 기를 수 없었다. 모두 설탕의 달착지근한 맛을 즐기고 싶어 했지만, 만들 방법이 없었다. 수요는 많은데 공급이 적으니 비쌀 수밖에 없었다. 대항해 시대가 열리고 상황이 변했다. 유럽 열강들은 사탕수수를 재배할 수 있는 서인도제도를 식민지로 점령하고 설탕 생산지로 활용했다. 설탕 거래가 활발해지며 무역이 확대됐다. 신대륙에서만 구할 수 있는 진귀한 물건들이 유럽으로 흘러들어갔다.

뉴욕항은 이 무역로를 연결하는 데 적격이었다. 맨해튼섬은 서인도제도와 유럽의 중간 지점에 위치한다. 그뿐 아니다. 육지로 둘러싸여 있는 강 하구에 위치해 대서양의 높은 파도를 피할 수 있었다. 자연항 입지 조건으로 최적이었다. 천혜의 조건으로 유럽과 신대륙을 잇는 삼각무역의 중심지로 급부상했다. 무역이 성행하자 돈이 모였다. 무역과 관련된 조선업, 목공업은 물론 보험, 은행, 법률 서비스 관련 사업도 번창했다. 월가에 각종 금융상품이 발명되었다. 18세기 말 뉴욕 증권거래소가 설립되어 세계 금융의 중심지가 되기 시작한 것도 이 시기다. 뉴욕은 점점 번창했고, 많은 사람들이 유럽에서 속속 건너왔다.

사람들이 모였다고 사는 환경이 획기적으로 나아지지는 않았다. 상상해 보라. 주인 없는 땅에 외지인들이 모인 셈이다. 이민자들끼리 문화가 달라 서로 융합하기 어려웠다. 오히려

뉴욕 주변도

1930년대 뉴욕항 항공사진

먹고살기 위해 패권을 쟁취하려는 싸움이 끊이지 않았다. 유럽의 마이너들이 목숨을 걸고 넘어온 곳이었다. 자리를 잡은 자들은 텃세를 부렸다. 사회를 안정시킬 행정력은 미미했다. 이 속에서 살아남기 위해 완력으로 세력을 다투는 상황은 잔인하기 그지없었다. 목숨을 건 유혈 충돌이 빈번했다. 18세기 이래 뉴욕이 크게 발전했다 해도 이주민들의 현실은 시궁창에 가까웠다.

이런 사회적 현실에서 문화예술은 존재할 수 있었을까? 살아남는 것이 최우선 과제인 곳에서 사람들에게 어떤 문화적 경험이 필요했을까? 서로 다른 문화적 배경을 가진 사람들에게 공통적으로 인기를 얻을 수 있는 공연은 어떤 것이었을까? 더 나아가 문화적 엘리트가 아직 존재하지 않았던 미국에서 어떤 공연이 주류가 됐을까?

술집 싸구려 공연에서
보드빌을 넘어 뮤지컬로 ★

뮤지컬의 탄생을 이해하려면 두 개의 흐름을 살펴봐야 한다. 하나는 유럽에서 시작된 대중 공연의 흐름이고, 다른 하나는 미국에서 자생적으로 생겨난 쇼들의 흐름이다.

잠시 유럽으로 돌아가 보자. 긴 이야기의 출발 지점에는 산업혁명이 있다. 산업혁명은 물질적 여유를 만들어 냈다. 노동자들에 대한 교육이 확대되어 대중의 문화 지식이 축적되기 시작했다. 돈과 시간, 지식이 생긴 노동자들은 여가 시간에 즐길 거리를 찾기 시작했다. 이 흐름에 맞춰 다양한 형태의 오락거리가 만들어졌다. 산업혁명 이전, 예술은 창작자들을 후원할 수 있는 귀족들의 전유물이었다. 산업혁명은 경제적 구조를 바꾸면서 대중문화라는 새로운 흐름을 낳았다. 이것은 공연의 공급 및 소비 방식의 변화, 공연 콘텐츠

형식의 변화 그리고 공연이 담는 정서의 변화가 생긴다는 의미다. 공연계에는 이런 흐름에 맞는 작품들이 등장했다.

귀족들이 공연예술을 독점할 때는 어떤 모습이었을까? 예술가를 후원하는 지체 높은 분이 자신의 넓은 응접실이나 자기 소유의 극장에 연주자를 불러들였을 것이다. 거기에 모인 사람들은 예술에 조예가 깊거나 혹은 그런 척할 수 있는 부류의 사람들이었다. 예술가들은 당연히도 그들의 취향에 맞는 것을 보여줘야 했다. 그래야 공연자는 다시 후원을 받을 수 있고 먹고살 수 있었다.

대중문화가 등장한 후에는 이 모습이 다 바뀌었다. 오픈된 공연장에서 다수의 관객이 돈을 내고 공연을 보는 방식으로 공급과 소비가 변한다. 공연을 보는 관객들은 예술적인 훈련이 되어있는 사람들이

자크 오펜바흐

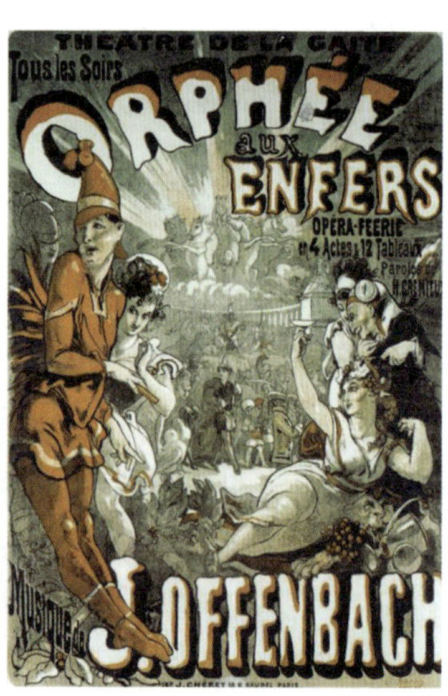

〈지옥의 오르페우스〉 포스터

아니었다. 따라서 관객들이 쉽게 이해할 수 있는 형식으로 공연을 진행해야 했다. 어려운 화성이나 복잡한 곡의 구성 같은 예술적 완성도보다 더 쉽고 즉각적인 반응을 이끌어 낼 수 있는 것이 인기를 얻었다. 내용도 대중들이 공감하거나 흥미로워하는 정서를 담고 있어야 했다. 섹시한 것, 욕구를 투영할 수 있는 것, 감정을 폭발시킬 수 있는 것들이 주요 소재가 되었다.

이 시기, 어렵고 딱딱한 오페라를 대신할 장르가 생겨났다. 한 나라에서만 벌어진 현상이 아니었다. 다양한 언어권에서 동시다발적으로 일어났다. 19세기 프랑스에서는 오페레타operetta가 탄생한다. 대표적인 작곡가인 자크 오펜바흐Jacques Offenbach는 〈지옥의 오르페우스〉(1858년), 〈아름다운 헬렌〉(1864년) 등의 작품을 흥행시켰다. '빠~ 빰빠빠빠 빠빠' 하는 경쾌한 선율에 한 줄로 선 무희들이 신나게 다리를 위로 차는 캉캉춤을 기억할 것이다. 이것이 〈지옥의 오르페우스〉 무대에 등장해 지금까지 사랑을 받는 장면이다. 근엄한 오페라에선 볼 수 없는 경쾌하고 화려한 성격이다.

〈지옥의 오르페우스〉 캉캉 장면(서부 호주 공연예술 아카데미(WAAPA) 공연)

이런 작품들은 새로 등장한 문화 소비계층이 원하는 가볍고 대중적인 성격이었다. 관객들은 환호했고, 큰 성공을 거두었다. 비슷한 시기 이탈리아에서도 가벼운 내용의 오페라부파opera buffa가 심각하고 어려운 기존 오페라와 차별화하여 인기를 얻었다. 영웅의 이야기가 아닌 서민적인 일상생활을 유머러스하게 담아내는 장르였다.

영국은 다른 유럽의 나라들과 달리 오페라 전통이 강하지 않았다. 오히려 셰익스피어로 대표되는 연극 중심의 극장 문화가 발달해 있었다. 다양한 계층들이 작품을 보는 환경도 이미 가지고 있었다. 이런 영국도 산업혁명 이후 공연시장이 변화하기 시작한다. 대중들이 여유가 생기자 술이나 음료를 마시며 공연을 볼 수 있는 극장식 식당이 자리를 잡는다. 이것이 인기를 끌자 더 큰 공연을 찾는 요구가 늘어난다. 자연스레 작품의 규모가 커지고 공연을 위주로 하는 뮤직홀이 등장했다. 가장 유명한 것은 1852년 개관한 캔터베리홀로서 객석 수가 700개에 달하는 대극장이었다. 극장의 규모와 시설이 늘어남에 따라 쇼비즈니스도 다양하게 발달한다. 극장에서는 단순한 음악 공연을 넘어서는 버라이어티variety가 인기를 얻었다. 스펙터클한 서커스, 마술, 묘기 등 다양한 오락 요소를 섞은 공연 형태였다.

이런 와중에 영국에 오페레타가 수입된다. 처음엔 오펜바흐의 작품처럼 대중성과 작품성을 모두 갖춘 공연들이 인기를 얻었다. 대륙에서 흥행이 검증된 작품들이 영국 공연시장에 새로운 바람을 일으킨 것이다. 연극 중심의 관람 환경에 신나는 음악이 추가된 작품이 들어온 것이니, 당시의 신선함을 짐작할 수 있을 것이다.

시간이 지나 영국의 창작자들은 대륙의 오페레타에 영국적 특성을 더해 '코믹 오페라comic opera'를 만들어 낸다. 코믹 오페라는 영국식 연극 전통에서 가져온 현실적인 대사와 익숙하고 쉬운 음악으로 구성되었다. 게다가 대중이 알아들을 수 있는 영어로 된 작품이기 때문에 큰 인기를 얻었다.

길버트와 설리번 캐리커처

〈미카도〉 포스터

그 중심에는 작곡가 설리번Arthur Seymour Sullivan과 대본 작가 길버트William Schwenck Gilbert가 있었다. 〈펜잔스의 해적〉(1879년), 〈미카도〉(1885년) 등이 대표적인 작품이다. 〈펜잔스의 해적〉은 해적 프레데릭이 스물한 살이 되자, 해적을 그만두겠다고 선언하며 시작되는 코미디극이다. 자신의 의지와 무관하게 해적질을 해야 했던 프레데릭은 해적들을 소탕하겠다고 선언한다. 그리고 해적으로서 쳐다보지 못할 장군의 딸 메이블과 사랑에 빠진다. 프레데릭과 메이블을 사이에 두고 해적과 경찰이 한바탕 소동을 벌인다. 결국 모든 갈등은 해결되고 두 사람이 무사히 결혼식을 올리며 극이 끝난다.

〈펜잔스의 해적〉 포스터

감상적인 해적과 어딘가 허술한 경찰관이 황당한 상황을 벌이는 유쾌한 작품이다. 유머와 위트가 돋보이는 대사와 재기 발랄한 음악이 끊이지 않는다. 특히 〈패터송Patter Song〉은 이 작품의 대표적인 노래로 극의 익살스러운 분위기를 한층 올려준다.

〈펜잔스의 해적〉은 엄청난 인기를 얻었다. 만들어진 지 150년이 지난 지금까지도 세계 곳곳에서 공연되고 있으며, 영화로도 제작되었다. 당연히 뉴욕의 극장에서도 큰 인기를 얻었고, 지금까지도 뮤지컬사에서 중요한 작품으로 빠짐없이 언급되고 있다. 이런 영국의 코믹 오페라는 뮤지컬을 낳은 부모와 같은 장르다. 이런 움직임들은 신대륙 미국, 브로드웨이에서 더 큰 흐름으로 발전된다.

뮤지컬을 만들어 낸 두 번째 흐름은 뉴욕 현지에서 자생적으로 만들어졌다. 다양한 볼거리, 즐길 거리를 섞은 버라이어티 무대가 그 중심이다. 영국에서 발생한 버라이어티는 미국에서 새로운 모습으로 발전한다.

팍팍한 삶을 살던 이민자들에겐 마음의 위안거리가 필요했다. 그것이 일과 후 주점에서 여흥으로 즐기던 쇼였다. 공연을 즐기는 주 관객층은 중장년 남성들이었다. 이들은 대부분 유럽에서도 고급문화를 접해본 경험이 없는 사람들이었다. 공연을 하는 사람들도 유럽에서 고급 취향의 예술 훈련을 받은 경우가 별로 없었다. 공연자들 또한 먹고살기 위해 이주해 온 사람들이었다. 사는 것이 전쟁인 곳에서 고상한 것을 찾을 가능성은 희박하다. 애초부터 고급한 예술적 성취를 이루려는 목적이 강하지 않았다. 즐길 거리를 찾는 대중에게 맞는 오락을 제공하려는 목적이 더 컸다.

또, 뉴욕은 서로 다른 문화권에서 온 이민자들이 모인 곳이었다. 프랑스인, 폴란드인, 이탈리아인, 아일랜드인이 모였다고 상상해 보자. 무엇을 하며 놀 수 있었을까? 노래도 다른 것을 부르고, 춤도 다른 것을 췄을 것이다. 정서도 조금씩 다르고, 표현 방법도 달랐을 것이다. 공연을 즐기는 관객들도 자신의 문화적 배경에 따라 다른 것을 요구했을 것이다. 이 모든 것을 충족시키기에 버라이어티만 한 것이 없었다. 유럽과는 다른 환경에 맞게 자생적으로 생긴 쇼가 버라이어티였던 셈이다. 미국의 초기 버라이어티는 여성 무희들의 춤, 간단한 서커스, 슬랩스틱 코미디, 동물 기예 등 잡다한 쇼로 구성되어 있었다. 최대한 다양한 것을 제공해 관객들이 흥미를 잃지 않게 하는 형태였다.

공연이 인기를 얻자 조금씩 규모가 커졌다. 주점이나 뮤직홀로 충분치 않아 극장이 만들어졌다. 특히 1840년대 이후 맨해튼 남부 보워리Bowery를 중심으로 버라이어티 공연장들이 지어졌다. 보워리는 홍등가와 경마장이 있던 곳이었다. 그 외에도 저렴한 댄스홀, 싸구려 박물관, 당구장 등 노동자들을 위한 다양한 오락 시설이 있었다. 일부 부유한 관광객들은 보워리를 찾아가 자신과 다른 사람들을 구경하기도 했다. 이것을 '슬러밍slumming' 즉 빈민가 탐방이라고 불렀다. 그 지역의 분위기를 추측해 볼 수 있는 대목이다.

극장 시설은 지금처럼 잘 갖춰져 있지 않았다. 맨바닥에 의자만 놓거나 이마저도 없는 경우도 있었다. 그만큼 상황이 열악했다. 공연장들은 '궁전', '박물관', '와인 홀' 등 그럴싸한 이름을 붙였다. 그러나 사람들은 얼간이들이 모이는 싸구려 공간, '홍키통크Honky Tonk'라고 불렀다. 극장 관람 분위기도 엉망이었다. 무대가 마음에 안 들면 야유를 퍼붓거나 쓰레기를 던지기도 했다. 관람 중 맥락 없이 정치 구호를 외치기도 했다. 서로 다른 패거리끼리 다투거나 총기사고가 벌어지기도 했다. 싸구려 공간이라고 이름 붙일만했다.

애스터 플레이스 폭동 사건을 묘사한 이미지

당시 분위기를 가장 극적으로 볼 수 있는 사건이 1849년 애스터 플레이스 폭동Astor Place Riot이다. 애스터 플레이스는 보워리와 인접한 지역이다. 앞서 살펴본 것처럼 보워리의 극장들은 노동자들 관객을 대상으로 운영이 되고 있었다. 거기서 불과 몇 블록 떨어지지 않은 곳에 있던 애스터 플레이스 오페라하우스는 그들과 철저히 구별해 고급문화를 지향했다. 관객이 장갑과 조끼를 반드시 착용해야 하는 복장 규정이 있을 정도였다. 유럽의 정통 연극이나 오페라가 주로 공연됐다. 노동자들이 중심이 되는 그 지역의 정서에 반대되는 것이었다. 좋지 않은 시선을 받았을 수밖에 없다.

폭동이 일어난 5월 7일엔 셰익스피어의 〈맥베스〉가 올라갔다. 상류층의 공연이 탐탁지 않았던 무리들이 선동을 했다. '귀족제를 타도하라'는 구호를 외치며 썩은 달걀, 채소, 신발 등의 쓰레기를 무대에 투척했다. 영국의 귀족과 미국의 노동자라는 대립 구도가 만들어졌다. 폭도들이 동참해 극장 인근에 최대 1만 명의 사람들이 모였다. 폭동은 거셌다. 뉴욕시는 경찰과 주 방위군을 투입해 진압한다. 이 과정에서 집회 참가자가 최대 31명 사망하고 120명 이상이 부상을 입는다. 이 폭동은 독립 전쟁 이후 미국 내에서 군사 행동으로 인한 민간인 사상자가 가장 많았던 사건으로 기록되고 있다.

이 폭동은 당시 극장 상황과 사회 분위기를 잘 보여준다. 대중이 찾는 극장은 지금처럼 엄숙한 분위기가 아니었다. 시민들이 고급문화를 배워야 할 대상으로 생각지 않았다는 사실도 알 수 있다. 위화감을 조성해 사회적 갈등을 유발시키는 대상으로 생각했다.

나아가 이 사건은 공연계에 많은 영향을 미쳤다. 미국의 공연 역사학자들은 이 폭동이 뮤지컬 발전에 큰 계기가 되었다고 평가한다. 이 사건 이후 고급 공연을 위주로 하는 극장들은 계층을 구분하는 운영 방식을 채택하지 않았다. 민주적인 운영 방식이 원칙으로 자리 잡은 셈이다. 또, 이후 대중 공연은 독자적인 발전 과정을 공고히 한다. 애스터 플레이스 폭동은 계급갈등이 촉발시켰지만, 한편으로는 서민들이 즐기는 공연이 상류층 문화에 예속되는 것을 막겠다는 적극적인 의지의 표현이기도 했다. 이 사건 이후 대중문화가 고급한 예술행위와 완전히 구별되어 나름의 가치를 가진 영역으로 자리 잡는다.

대중 공연이 가진 싸구려 이미지는 보드빌vaudeville이 등장하며 조금씩 변한다. 보드빌은 버라이어티 중심의 공연이 관객의 요구에 따

보드빌 배우들

라 더 다양하게 발전되는 과정에서 등장했다. 기존 버라이어티는 남성 위주의 공연이어서 관객층을 넓히는 데 한계가 있었다. 공연 제작자들은 구매자 층을 넓혀 가족 단위의 관객을 끌어모으고 싶어 했다. 이를 위해 만들어진 것이 보드빌이다. 당연히도 기존 공연보다 건전한 형태로 제작되었다.

더 중요한 것은 연극의 요소가 더 강해졌다는 사실이다. 자극적인 볼거리 위주의 공연에 서사가 핵심 요소로 추가되었다. 이로써 보드빌은 뮤지컬의 성립에 직접적인 영향을 미친다. 19세기 말엽부터 큰 인기를 얻은 보드빌은 1930년대까지 가장 중요한 공연이었다. 노래, 춤, 연기를 모두 보여줘야 하는 보드빌 배우들은 큰 인기를 얻었다.

보드빌 외에도 백인들이 얼굴에 검은 칠을 하고 흑인 역할을 하는 민스트럴minstrel, 여배우의 성적인 매력을 강조하는 벌레스크

1890년대 벌레스크 포스터

1920년대 벌레스크 배우

burlesque 등도 함께 인기를 얻었다. 공연 전체를 관통하는 주제가 없이 흘러가는 보드빌과 달리 주제를 정해 공연했던 레뷰revue, 대규모 무대와 당대 최고의 창작자를

민스트럴 포스터

모아 스펙터클을 보여준 지그펠드 폴리스Ziegfeld Follies는 뮤지컬에 한 걸음 더 다가간 공연들이었다. 이런 다양한 공연 장르들은 따로 또 같이 경쟁하고 영향을 주며 점점 고도화되었다.

자생적인 쇼 문화를 만들어 가던 브로드웨이에 당시 문화 선진국이었던 영국의 코믹 오페라까지 수입된다. 지금까지 듣던 것과 다른 음악이 스토리를 가지고 펼쳐지는 공연이었다. 코믹 오페라는 당연

지그펠드 폴리스 무대

히도 관객들에게 큰 인기를 얻는다.

이렇게 다양한 공연물이 있는 환경에서 실력 있는 창작자들과 배우들이 등장했다. 공연을 위한 기반 시설도 많이 만들어졌다. 관객 또한 여러 스펙트럼의 콘텐츠를 소비할 수 있을 정도로 그 폭이 넓어졌다. 경쟁이 치열해지자, 쇼 비즈니스 제작자들은 단순한 볼거리를 나열하는 방법으로는 경쟁력을 얻을 수 없다는 것을 자각했다. 줄거리가 있던 코믹 오페라는 영국인들이 만든 것이어서 미국인의 정서와 차이가 있었다. 게다가 코믹 오페라는 수입품이었다. 비즈니스로 봐도 주도적으로 수익을 가져올 수 없었다.

브로드웨이의 제작자들은 이 다양한 공연의 장점들을 뽑아내어 새로운 콘텐츠를 만들어 낸다. 단순한 공연들의 한계를 넘어서서 다양

〈블랙 크룩〉 포스터

한 장르가 고도로 집약된 새로운 콘텐츠였다. 이것이 바로 뮤지컬이다. 줄거리를 따라 화려한 볼거리와 음악이 연결되는 뮤지컬은 큰 인기를 얻는다.

가장 대표적이 것이 〈블랙 크룩The Black Crook〉이다. 이 작품은 1866년 9월 12일 3,200석 규모 니블로스 가든극장에서 초연되었다. 독일 산악지역을 배경으로 마법사와 악마를 이겨내고 사랑과 보물을 찾아내는 스토리다. 이 작품은 폭발적인 인기를 얻어 총 474회 공연에 백만 달러가 넘는 수익을 냈다. 특히 〈블랙 크룩〉은 많은 학자들에게 현대 뮤지컬의 원형으로 평가받는다. 코믹 오페라를 포함한 과거 작품들은 노래나 연기를 하는 주요 배역과 춤을 추는 무용수가 구분되었다. 하지만 이 작품에서는 출연자들이 노래, 춤, 연기

〈블랙 크룩〉 공연 그림

를 모두 소화했다. 또, 단순한 스케치 수준의 서사만 있던 보드빌, 벌레스크와 달랐다. 〈블랙 크룩〉은 통일된 줄거리를 가지고 공연이 진행되었다.

브로드웨이 쇼의 발전 과정을 되짚어 보면 미국에 고급문화의 기반이 부족했던 점이 오히려 공연의 다양성을 만들어 냈다는 것을 알 수 있다. 처음부터 지향해야 할 전범으로서 고급문화가 있었다면 쇼 비즈니스가 힘을 얻기 어려웠을 것이다. 정답이 있는 상황에서는 다양한 작품 형태를 시도할 동력이 부족해진다. 뉴욕은 당시 세상에서 가장 복잡하고 다양한 문화적 기반을 가진 소비자가 모인 곳이었다. 이들과 소통하며 자생적으로 살아남을 수 있는 공연물을 만들어 내야 했다. 이것은 치열한 노력 없이는 불가능했을 일이다. 이 노력들이 뮤지컬을 만들어 내는 중요한 기반이 됐다.

〈오클라호마!〉 

1914년부터 4년간 벌어진 1차 세계대전으로 유럽은 쑥대밭이 되었다. 유럽이 기우는 동안 미국은 초강대국으로 서서히 부상한다. 뉴욕은 세계 정치·경제의 중심지로 변모하고 문화적 부흥기를 맞는다. 미국의 예술가들도 이제 더 이상 유럽 문화를 선망의 대상으로 쳐다보지 않게 되었다. 공연계에서는 재즈와 탭댄스가 주목받기 시작했다. 짧은 미국의 역사 속에서 자생적으로 발생한 재즈가 대중의 인기를 얻었다. 작곡가들은 재즈에서 기존의 클래식에서 찾을 수 없는 자유로움을 발견했다.

이 시기에 조지 거슈윈George Gershwin이 등장한다. 그는 재즈의 기법을 클래식에 접목시켰다. 1924년, 피아노협주곡 〈랩소디 인 블루 Rhapsody in Blue〉를 작곡하여 성공을 거둔다. 1935년에는 오페라 〈포

조지 거슈윈

〈포기와 베스〉

기와 베스Porgy and Bess〉를 발표한다. 이 작품은 다른 나라가 아닌 미국 사우스캐롤라이나를 배경으로 한다. 음악에 흑인영가와 민요를 적극적으로 수용했다. 캐스팅 또한 한 사람의 단역 외에 모두 흑인 배우가 출연하는 미국식 오페라다. 이 작품에 등장한 〈서머타임Summer Time〉은 지금도 사랑받는 곡이자, 수많은 재해석으로 다양한 아티스트들이 노래한 명곡이다.

〈포기와 베스〉가 중요한 이유 중 하나는, 음악과 서사에 미국의 정서가 적극적으로 반영됐다는 점이다. 음악에는 그들이 사랑하는 미국의 전통 선율이 도입되었다. 서사도 개척민들과 다양한 인종들이 사는 그들 스스로의 삶이 중심이 되었다. 이전 시기의 인기작들은 유럽의 정서인 것들이 많았다. 직전 시기 인기를 끌었던 길버트와 설리번의 코믹 오페라는 당연히도 영국의 정서를 담아 만든 작품이었다. 〈블랙 크룩〉도 이국적인 세계를 배경으로 한다. 이렇게 공연분야 전반에서 미국의 음악과 정서가 사랑받는 환경이 조성되었다. 이런 배경에서 뮤지컬이 장르적으로 완성된다.

〈쇼 보트〉 포스터

〈쇼 보트〉 초연 무대

발전을 거듭하던 브로드웨이 극장가에는 더 완성된 형식의 뮤지컬이 등장한다. 작곡가 제롬 컨Jerome Kern과 작사가 오스카 해머스타인 2세Oscar Hammerstein II가 1927년 만들어 낸 〈쇼 보트Show Boat〉가 그 주인공이다. 컨과 해머스타인 2세는 이미 수많은 인기작들을 가진 유명인이었다. 그중 〈쇼 보트〉는 최초의 북 뮤지컬book musical로 평가된다. 북 뮤지컬은 말 그대로 '대본을 기반으로 음악과 가사가 만들어지는 뮤지컬'을 의미한다.

대본을 기반으로 하지 않는 뮤지컬이라는 것이 지금으로서는 생소할 것이다. 그때까지 쇼들은 볼거리들의 순서와 레퍼토리가 더 중요하고 대본은 느슨했다. 서사의 흐름과 상관없이 배우가 극을 주도하는 것이 가능했다. 자신의 기량을 맘껏 뽐내 공연이 중단될 정도로 박수를 받는 '쇼 스토핑show stopping'이 일상적이었다. 다시 말해, 다른 배우와의 합, 연출 동선, 무대 운영보다 개개의 레퍼토리가 더 중요했다는 말이다.

이에 반해 북 뮤지컬은 대본을 먼저 작성하고 그 흐름에 따라 작곡과 연출이 이루어진다. 오늘날 우리가 생각하는 뮤지컬의 모습은 북 뮤지컬이 등장하며 완성된다. 대본이 서사를 완전하게 담고 있었다. 이 때문에 사건의 발단과 갈등, 클라이맥스와 결말까지 짜임새 있는 구조를 만들 수 있다. 더 중요한 것은 작곡, 연출, 무대, 조명 등 작품을 이루는 요소가 대본을 기준으로 맞아 들어가게 창작되었다는 점이다. 다양한 예술적 요소들이 더 유기적으로 연결된 작품이 가능하게 된다.

내용 측면에서도 〈쇼 보트〉는 극적인 분위기와 진지한 서사가 담겨 뮤지컬 역사에 한 획을 그었다. 배경은 19세기 후반 미국이다. 코튼블로섬호는 미시시피강을 운행하며 선내의 보드빌 극장에서 공연을 보여주는 유람선이다. 배에는 부유한 백인 손님들 외에도 흑인 노동자, 혼혈 이민자 등이 함께 타고 있다. 뮤지컬에서는 이들 모두를 등장시켜 삶의 애환을 그려내는, 당시로서는 파격적인 주제를 선택했다. 그와 동시에 미국 민요, 흑인음악 등을 다채롭게 반영하여 큰 성공을 거뒀다. 〈쇼 보트〉는 브로드웨이 뮤지컬의 전형으로 자리 잡아 이후 막대한 영향을 미친다.

'도는 하얀 도라지~ 레는 둥근 레코드~' 어린 시절 학교 음악 시간에 음계를 외우기 위해 이 노래를 한 번쯤은 부른 기억이 있을 것이다. 이 노래는 뮤지컬 〈사운드 오브 뮤직〉에 등장한 것으로서, 줄리 앤드루스 주연의 영화로 잘 알려져 있다. 이 작품은 작곡가 리처드 로저스Richard Rodgers와 극작가 오스카 해머스타인 2세Oscar Hammerstein II가 만든 것이다. 이들은 뮤지컬 역사상 최고의 콤비로 추앙받으며 '로저스와 해머스타인Rodgers and Hammerstein'이라고 짝을 지어 언급된다.

각자 자신의 분야에서 명성을 쌓아오던 두 사람은 〈오클라호마Oklahoma!〉(1943년)에서 처음 만나 엄청난 성공을 거둔다. 이 작품은 미국 중서부 오

로저스와 해머스타인

클라호마의 작은 시골 마을을 무대로 한다. 카우보이 컬리와 농부의 딸 로리가 삼각관계를 이겨내고 마을 사람들의 축복 속에 사랑을 이루는 단순한 스토리다. 그러나 작품적으로 〈오클라호마!〉는 음악과 안무가 대본에 기반하여 완전한 조화를 이루고 있다. 이 때문에 진정한 통합 뮤지컬integrated musical의 완성작으로 평가된다.

이 작품에는 미국의 향토 문화가 아름답게 그려진다. 특히 당시는 2차 대전이 한창이었을 때다. 이런 분위기에서 미국의 전통적 정서에 향수를 느끼게 하는 〈오클라호마!〉의 내용은 큰 반향을 얻었다. 우리로 치면 〈전원일기〉 같은 농촌 배경에 순박한 두 남녀가 주인공이다. 이들이 떠돌이 외지인의 술수를 극복하고 카우보이들과 농부들의 화합을 이끌어 내는 공익광고스러운 스토리다. 더구나 오클라호마는 인디언들을 몰아내고 20세기 초가 되어서야 미국의 주로 편입된 곳이다. 이런 오클라호마를 아름다운 미국의 고향처럼 포장하는 내용이다. 미국인들 입장에서는 더 이상 좋을 수가 없었다. 뮤지

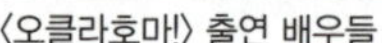
〈오클라호마!〉 출연 배우들   〈오클라호마!〉 앨범 재킷

컬 넘버인 〈오클라호마〉는 아직도 오클라호마주의 공식 주가州歌로 불리고 있을 정도다.

이후 로저스와 해머스타인은 〈회전목마Carousel〉(1945년), 〈남태평양South Pacific〉(1949년), 〈왕과 나The King and I〉(1951년), 〈플라워 드럼 송Flower Drum Song〉(1958년), 〈사운드 오브 뮤직Sound of Music〉(1959년) 등의 걸작들을 만들어 낸다. 이 작품들은 영화로도 제작되어 세계적인 명성을 얻는다. 이들은 뮤지컬과 영화를 통틀어 34개의 토니상, 15개의 아카데미상, 2개의 그래미상과 퓰리처상을 수상하는 대기록을 작성한다.

〈오클라호마!〉는 '뉴욕 출신 유대인 창작자'가 '미국 중심의 정서'로 만들어 낸 '통합 뮤지컬'이라는 전형을 만들어 냈다. 이 특징은 지금까지 브로드웨이 정통 뮤지컬의 성격으로 깨지지 않고 있다. 즉 이 작품에서 미국인이 스스로 만들어 낸 최초의 '미국 전통 공연 장르'로서 뮤지컬이 완성되었다.

　〈오클라호마!〉는 미국인이라면 누구나 아는 작품이 되었다. 지금도 미국 전역의 초중고 그리고 대학교에서 자주 공연된다. 싸구려 홍키통크가 대중과 쉼 없이 소통하며 고전으로 재탄생한 결과다. 우리는 전통 문화를 소개할 때 서민들의 생활 속에서 자생적으로 발생하여 민족의 정서를 담아낸 것이라고 이야기한다. 이 말이 미국에서는 그대로 뮤지컬을 설명하는 것으로 치환될 수 있다. 이처럼 〈오클라호마!〉로 완성된 브로드웨이 뮤지컬은 이후 20여 년간 지배적인 영향력을 가지게 된다.

The Great White Way ★

'**그레이트** 화이트 웨이The Great White Way'는 타임스퀘어 인근의 브로드웨이를 부르는 별명이다. '위대한 하얀 길'이라는 말뜻대로 건물들의 벽면을 가득 채운 광고판들과 조명들이 꺼지지 않고 거리를 하얗게 밝힌다. 타임스퀘어는 명실상부한 '세계의 교차로'이자 '그레이트 화이트 웨이의 심장'으로 언급된다. 미국의 영광을 표현하는 거리로, 미국인들은 이 별명을 자랑스러워한다.

타임스퀘어는 원래 '롱에이커 스퀘어Longacre Square'라고 불렸다. 1890년경까지 뉴욕은 남부 로어 맨해튼을 중심으로 도시가 형성되어 있었고 나머지 지역은 개발되지 않았었다. 아직 내연기관이 발달하기 전이었다. 뉴욕은 남북을 관통하는 길인 브로드웨이를 따라 말을 이용한 교통망이 발달해 있었다. 이 중간 지점인 롱에이커 스퀘

타임스퀘어 야경

어 인근에는 개천이 흐르고 있었다. 이 때문에 뉴욕 말 산업의 중심지 역할을 했다. 말 경매소와 정류장, 마구간 등이 자리 잡고 있었다. 19세기 말부터 급속도로 발전하기 시작한 뉴욕은 북쪽으로 도시를 확장한다. 1904년에는 신문사인 《뉴욕 타임스New York Times》가 브로드웨이 42번가로 이사하면서 롱에이커 스퀘어는 지금의 이름인 타임스퀘어로 명명된다.

원래 뉴욕의 극장 중심지는 경제활동이 활발한 남쪽 로어 맨해튼이었다. 이후 시간이 지남에 따라 조금씩 북쪽으로 중심지가 옮겨진다. 이 과정에서 공연과 관련되는 제작사, 티켓 판매사, 배우 에이전트가 몰려들고 식당과 쇼핑거리가 발달한다. 사업가들은 쇼 비

1900년 롱에이커 스퀘어

1908년 타임스퀘어 야경

즈니스가 단순히 티켓을 판매하는 데서 그치는 것이 아니라는 사실을 알게 된다. 그리고 오스카 해머스타인 1세가 1885년 올림피아 극장을 롱에이커 스퀘어 옆에 개관한 이후 조금씩 그 중심지가 현재의 타임스퀘어 인근으로 옮겨 온다. 남쪽 42번가부터 북쪽 53번가 사이의 극장 밀집지역이 '극장가Theater District'로 정착되며 1928년에 이미 70여 개의 극장이 성업한다.

위기가 찾아오기도 했다. 1920년대부터 미국 가정에 라디오가 보급된다. 영화의 제작도 활발해졌다. 대중들은 공연장에 가는 것보다 훨씬 적은 노력과 비용으로 즐길 거리를 찾을 수 있게 되었다. 특히 최초의 유성영화인 〈재즈 싱어〉(1927년)부터 복제 가능한 영상을 통해 배우가 노래하고 춤추는 것을 볼 수 있게 되었다. 공연업계는 결정적인 타격을 입는다.

악재는 거기서 멈추지 않았다. 1929년 10월 24일 '검은 목요일'에 대공황이 미국을 덮쳤다. 대공황의 여파는 수많은 제작자들을 길거리로 내몰았다. 대공황 직전 1928-29년 시즌 브로드웨이에서 제작된 작품은 총 264개였다. 공황이 절정에 달한 1935-36년 시즌에는 138개로 반 토막이 났다. 극장들도 줄지어 문을 닫거나 영화관으로 업종을 변경해 살 길을 찾아 나섰다. 브로드웨이에서 활동했던 배우들과 창작자들은 새 일자리를 찾아 할리우드로 떠났다. 하지만 쇼 비즈니스는 계속되었다. 앞서 살펴본 바와 마찬가지로 살아남기 위해 더 완성도가 높은 공연을 만드는 노력을 기울였다. 그 결과 북 뮤지컬들이 자리를 잡게 되었다.

할리우드로 건너간 사람들은 또 다른 의미에서 뮤지컬의 중흥을 이

영화 〈42번가〉 포스터

영화 〈오즈의 마법사〉 포스터

끌었다. 길고 치열한 브로드웨이의 역사와 그 속에서 훈련된 인재들은 그 자체로 엄청난 자산이었다. 영화 제작사 MGM을 중심으로 뮤지컬 영화의 중흥기가 시작되었다. 지금도 한국 공연무대에 올려지는 〈42번가〉는 1933년에 제작된 영화를 원작으로 한다. 〈42번가〉는 보드빌 댄서가 되는 것이 꿈인 시골 처녀가 브로드웨이에서 역경을 딛고 스타로 거듭나는 이야기다. 뮤지컬은 대중의 정서를 담기 위해 수많은 시행착오를 거쳐 완성된 장르다. 영화가 이러한 뮤지컬의 문법을 따라 제작되었으니 당연히도 큰 사랑을 받을 수밖에 없었다.

이후에도 〈오즈의 마법사The Wizard of Oz〉(1939년), 〈파리의 아메리카인An American in Paris〉(1951년), 〈사랑은 비를 타고Singin' in the Rain〉(1952년), 〈왕과 나The King and I〉(1957년), 〈사운드 오브 뮤직〉(1965년) 등 수많은 걸작 뮤지컬 영화들이 탄생했다. 뮤지컬 영화의 성공에 고무된 제작자들은 브로드웨이의 인재들을 모으고 저작권을 사들이기 시작했다. 브로드웨이에서 성공한 공연들이 영화로 제작되고, 반대로 성공한 뮤지컬 영화를 공연으로 제작하기도 했다.

영화를 통해 인기를 얻은 노래들은 음반으로 제작되어 팔렸다. 이 음악들은 '쇼 튠show tune'이라고 불리며 당시 대중문화의 주류가 되었다. 라디오를 틀기만 하면 쇼 튠을 들을 수 있었다. 당시 고전으로 남은 음악들은 지금까지 사랑받고 있다. 2차 세계대전 이후 미국은 전 세계의 패권을 장악했다. 이와 동시에 아메리칸 드림을 담은 뮤지컬과 음악은 세계로 뻗어나가 엄청난 영향력을 발휘하게 된다.

지금 이 책을 읽는 분들 중에서도 〈사운드 오브 뮤직〉을 영화 또는 공연으로 본 사람이 있을 것이다. 〈왕과 나〉, 〈사랑은 비를 타고〉 같은 영화를 본 사람들도 있을 것이다. 달리 말하면 미국의 정서를 담은 미국식 전통 공연물을 전 세계 사람이 본 것이다. 미국의 힘이 강대해진 그 순간 뮤지컬은 문화 전파의 첨병으로 세계적 영향력을 미쳤다. 특히 우리나라의 콘텐츠 경쟁력이 약했던 1950, 60년대에 미국 뮤지컬 영화의 영향력은 엄청났다. 지금도 한국에서 60여 년 전 작품인 〈사운드 오브 뮤직〉이 뮤지컬로 무대에 올려지고 있다. 당시의 영향력이 얼마나 컸는지 잘 알 수 있는 대목이다.

뮤지컬의 발전은 세상의 모든 것이 모여들어 갈등을 일으키고 그것을 극복하며 성장한 뉴욕의 역사와 함께했다. 기득권 문화가 없는 곳에 다국적 문화가 모여들었다. 힘든 현실에서 먹고살기 힘든 사람들을 달래줄 공연물이 필요했다. 누구나 보기 쉬운 다양한 볼거리들이 무대에 올랐다. 이 관객들은 '고급예술'에 대한 편견이 없었다. 심지어 고급예술만을 고집하는 극장을 공격하는 사건도 있었다. 뉴욕의 관객들은 모든 사람이 보고 즐거운 것을 가장 중요하게 생각했다.

공연 제작자들도 관객의 요구를 충실히 반영했다. 술집에서 성인 남성들이 즐기는 유흥거리에서 가족이 함께 볼 수 있는 공연으로 발전했다. 해외에서 들어온 공연에 주도권을 빼앗기지 않았다. 그 모든 공연의 장점을 뽑아내 미국의 정서로 담아냈다. 뮤지컬은 그 시작에서부터 완성까지 한시도 대중의 요구에서 벗어난 적이 없다. 더 많은 관객이 보고 수익을 극대화하려는 쇼 비즈니스의 결정체다. 고급스러운 취향을 가진 소수가 보는 예술의 지위를 넘보지 않는다.

브로드웨이는 미국의 역사를 통틀어서 쇼 비즈니스의 중심지 자리를 내준 적이 없다. 나아가 지금까지도 세계 공연계의 중심지다. 브로드웨이 극장가는 공연 관련 산업을 넘어서서 뉴욕 서비스업계의 활황을 이끌었다. 교통이 발달한 후에는 세계인이 몰려오는 관광지로 확장되었다. 그리고 미디어의 시대에 접어들어 콘텐츠의 원천으로 세계적 위상을 공고히 하고 있다.

영국 뮤지컬은 어떻게 미국을 점령했나?

천년만년 변치 않는 사랑이 있을까. 공연으로, 쇼 튠으로 사랑을 받던 뮤지컬에 대한 애정도 식기 시작한다. 브로드웨이 황금기는 1920년 후반부터 시작되었다. 세월을 이기는 사람은 없다. 이 시기를 함께한 관람객들도 시간이 지나 나이가 들기 시작했다. 그리고 이들은 미국 사회의 기득권 계층이 되었다. 뮤지컬을 즐기는 관객 대부분은 백인이었다. 과거 주점에서나 보던 싸구려 공연과는 다른, 주류의 문화로 자리 잡았다. 미국은 1, 2차 세계대전을 지나며 세계 최강국으로 등극했다. 미국 시민들도 점점 부유해졌다. 뮤지컬 제작에 영향을 미치는 큰손들은 백인, 그중에서도 유대인들이 대부분이었다. 관객과 맞춰가는 뮤지컬의 내용도 당연히 이런 주류 계층의 정서를 대변했다. 뮤지컬은 새로운 변화를 보지 못하고 안주하기 시

엘비스 프레슬리

작했다. 브로드웨이는 자신들이 이루어 놓은 황금기에 도취된 것처럼 보였다.

그러나 세상은 빠르게 변하고 있었다. 전쟁이 끝나고 태어난 베이비붐 세대들이 성장했다. 이 젊은이들은 대중문화를 이끄는 새로운 소비자가 되었다. 그러나 뮤지컬과 쇼 튠은 이들에게 다가갈 생각을 하지 못했다. 이렇다 보니 한때 신선한 장르였던 뮤지컬은 이제 올드한 기성세대의 문화가 되어갔다. 무슨 일이 벌어진 걸까?

1950년대 미국 가정에 TV가 대량 보급된다. 전후 일궈낸 물질적 풍요에 기술의 발달이 절묘하게 맞아떨어진 결과물이었다. TV는 대중문화에 일대 혁명을 불러온다. 단순히 극장에서 보던 쇼들을 가정에서 볼 수 있게 됐다는 차원이 아니다. 매스 미디어는 문화의 생산과 소비 흐름을 완전히 바꿔놓는다. 1956년 CBS TV 버라이어티쇼 〈Stage Show〉에 불세출의 스타가 출연한다. 엘비스 프레슬리였다. 그는 말 그대로 미국 전역을 엘비스 광풍에 휩싸이게 만든다. 이 여세를 몰아 각종 메이저 TV 쇼들을 휩쓸어 대중음악의 판도를 뒤집는다.

그의 음악은 1950년대 초부터 유행했던 로큰롤이었다. 전문가들

78

은 이미 로큰롤의 강렬한 선율에 음악계를 뒤집을 저력이 있다는 것
을 알았다. 그러나 엘비스 등장 이전, 로큰롤은 흑인 뮤지션들 중심
으로 연주되었다. 즉 마이너 장르라는 한계가 명확했다. 여기에 흑
인들처럼 강렬하게 노래 부르는 잘생긴 백인 가수가 등장했다. 로큰
롤은 엘비스를 통해 그 저력을 한꺼번에 폭발시켰다. 더욱이 매체가
TV 아닌가. 강한 음악에 격렬히 허리를 흔드는 엘비스의 모습은 미
국 전역에 충격을 줬다. 새로운 음악을 원했던 젊은 세대들이 열광
했다.

　이렇게 시작된 로큰롤 유행은 기성세대들의 강한 비판에 직면한
다. 미국은 엄격한 청교도 문화를 기반으로 한다. 이 배경에서 로큰
롤은 '저질스러운 악마의 음악'이란 프레임에 갇힌다. 게다가 인기

미국에 온 비틀스

있던 로큰롤 가수들이 비윤리적 행태를 보여 비판을 가속시켰다. 결국 미국 록 문화가 위축될 위기가 찾아온다.

위기의 로큰롤을 구제한 것은 영국 아티스트였다. 1960년대 중반부터 비틀스로 대표되는 '브리티시 인베이전British Invasion'이 시작된다. 말 그대로 미국 대중문화에 영국 문화가 대대적으로 침공한 현상이다. 비틀스는 신선한 이미지를 가지고 새로운 선율, 사회 비판적인 가사들을 노래했다. 이들은 젊은이들의 절대적인 지지를 받아 문화의 흐름을 주도한다. 비틀스를 위시한 영국 아티스트들은 꺼져가던 미국 록 문화에 불을 지펴 완전한 주류 문화로 자리 잡게 한다.

여기에 히피 문화가 힘을 싣는다. 미국은 베트남전에 참전해 무의미한 희생을 낳는다. 위대한 미국의 가치가 허물어지기 시작했다. 여기서 허영심으로 가득 찬 물질주의를 배격하는 히피 운동이 일어난다. 히피들은 사회적인 허례허식을 모두 버리고 개인의 자유를 회복하려 했다. 기존의 질서에 분노를 터뜨리며 반전과 평화를 부르짖었다. 이들은 비틀스, 도어스 등 로큰롤에 심취했다.

이런 흐름은 1969년 8월 15일 우드스톡 페스티벌Woodstock Music and Art Fair에서 그 거대한 실체를 여지없이 보여줬다. 이 페스티벌은 뉴욕주 북부 우드스톡의 한 농장에서 개최되었다. 음향 시설도 형편없었고, 음식이나 물, 화장실 같은 기본적인 서비스도 턱없이 부족했다. 하지만 새로운 문화를 향한 열정을 꺾을 수는 없었다. 예상을 뒤엎고 최대 50만 명 정도의 인파가 몰렸다. 페스티벌에는 당시 다양하게 분화된 록 음악이 총집결하여 뜨거운 환호를 받는다. 극장이

1969년 우드스톡 페스티벌

라는 제한된 공간을 벗어난 공연 문화도 환영받았다. 야외에서 격식에 구애될 필요 없이 자유롭게 음악을 즐길 수 있었다. 사람들과 어울리는 거대한 파티장이 만들어진 것이다. 음악 페스티벌이 새로운 공연 트렌드로 탄생하는 순간이었다.

이렇게 록이 환영받으며, 변화를 멈춘 쇼 튠과 뮤지컬은 외면받기 시작한다. 미국의 화려한 성공을 아름답게 노래하는 브로드웨이 뮤지컬은 미국 중심의 물질주의를 대표하는 것으로 받아들여졌다.

우범지대가 된
타임스퀘어

뮤지컬이 홀대받던 그때, 뉴욕 사회도 나락으로 떨어지고 있었다. 1960년대 미국은 인종 갈등과 갱들의 전쟁으로 골머리 썩고 있었다. 치안이 무너지고 폭동이 일어났다. 뉴욕도 예외는 아니었다. 뉴욕 시민들은 이미 오래전부터 자신들이 사랑하는 도시가 추락하고 있다는 것을 느끼고 있었다. 하지만 시 정부는 사태의 위험성을 인식하지 못했다. 범죄율이 치솟았고 공무원들의 파업이 수시로 벌어졌다. 쓰레기가 수거되지 않고 병원이 멈췄다. 1971년 1월에는 경찰마저 파업하는 전대미문의 사건도 일어났다. 이런 위험을 피해 대부분의 세금을 내는 중산층들이 도시를 빠져나갔다. 그래도 시는 아무 조치를 취하지 않았다. 오히려 세수가 줄어드는 것과 별개로 공공서비스를 늘렸다. 시의 지출이 감당할 수 없을 정도로 커졌다. 이렇게 검증되지 않은 재정 정책을 남발해 1970년대 초 파산지경에 이른다. 바닥으로 떨어진 뉴욕에서는 테러와 방화가 끊이지 않았다.

브로드웨이 극장가도 타락하고 있었다. 세계의 교차로였던 타임스퀘어는 마약상들과 포주들이 들끓는 범죄의 중심지가 되었다. 위험한 도시에 관광을 올 사람이 어디 있겠는가. 심지어 어두운 밤거리를 돌아다닐 사람은 많지 않았다. 로큰롤 열풍이 이미 많은 브로드웨이 관객들을 빼앗아 갔다. 그나마 남은 뮤지컬 애호가들도 위험을 감수하면서까지 공연을 보려 하지 않았다.

브로드웨이 쇼 비즈니스맨들은 이 위기를 타개하려 애썼다. 저녁 공연 시간을 7시 30분으로 한 시간 앞당겼다. 범죄자들이 타임스퀘어를 점령하기 전에 타지에서 온 관객들이 안전하게 도시를 빠져나갈 시간을 벌기 위해서였다. 하지만, 대세는 이미 꺾인 후였다. 1960년대부터 타임스퀘어 인근에 고고 바, 핍 쇼 공연장, 섹스 숍이

1970년대 타임스퀘어 인근
성인 공연장 입구

1970년대 타임스퀘어 인근 성인 공연 홍보 광고

성행했다. 뮤지컬을 공연하던 극장은 포르노 영화를 상영하는 극장으로 바뀌었다. 뉴욕 시민들이 지금도 가장 부끄러워한다는 1970년대는 이렇게 타락을 거듭하고 있었다. 불이 꺼지지 않을 것 같았던 '위대한 하얀 길'에 짙은 어둠이 내려앉았다.

물론, 끈질긴 생명력을 이어 온 쇼 비즈니스가 완전히 멈춰 선 것은 아니었다. 제작자들은 어려움을 헤쳐 나갈 대안을 찾으려 했다. 항상 시대의 유행을 흡수하며 발전해 온 브로드웨이가 아니었던가. 그들이 관심을 가지기 시작한 것은 당시의 대세, 록 음악이었다. 록 음악은 적은 수의 밴드로도 연주가 가능했다. 이전과 완전히 다른 새로운 형식의 공연을 기획할 수 있었다.

가장 먼저 성공을 거둔 작품은 〈헤어〉(1968년)였다. 이 작품은 록 음악을 통해 마약, 섹스, 인종차별, 베트남전 등 당시 시대상을 잘 반영했다. 〈헤어〉는 기존 브로드웨이와 다른 매력으로 인기를 얻었다. 이 분위기를 이어받아 〈지저스 크라이스트 수퍼스타〉(1971년), 〈그리스〉(1971년), 〈록키 호러 쇼〉(1973년) 같은 록 뮤지컬들이 만들

뮤지컬 〈헤어〉

뮤지컬 〈록키 호러 쇼〉

어졌다.

그러나 록 뮤지컬의 부흥은 일시적 현상이었다. 뮤지컬의 주요 관객들은 아직도 과거 쇼 튠 위주로 잘 짜인 드라마가 나오는 작품을 선호했다. 당연히도 록 뮤지컬은 잘 팔리지 않았다. 대부분 흥행에 실패하자 제작자들이 기피하는 장르가 되었다. 그렇게 록 뮤지컬은 전통적 브로드웨이 뮤지컬의 대안으로 자리 잡지 못했다.

짙은 어둠 속에서 빛나는 천재가 한 명 있었다. 스티븐 손드하임 Stephen Joshua Sondheim이다. 유대인 가정에서 태어난 손드하임은 옆집에 살던 브로드웨이의 천재 작가 오스카 해머스타인 2세를 어린 시절부터 자연스럽게 만나 뮤지컬을 배운다. 후계자를 두지 않기로 유명한 해머스타인이 받아들인 유일한 제자였다.

그의 작품은 기존 뮤지컬의 주제와 형식을 넘어서 완전히 새로운 흐름을 보여줬다. 〈오클라호마!〉로 대표되는 전통 뮤지컬은 완성된 드라마를 기반으로 음악, 미술, 안무 등을 구성하는 통합뮤지컬Integrated Musical이었다. 손드하임은 이에 대비되는 콘셉트 뮤지

스티븐 손드하임

뮤지컬 〈컴퍼니〉

컬Concept Musical을 제시한다. 이것은 드라마의 전개보다 표현 방식에 더 중점을 둔 추상적인 뮤지컬이다. 그 당시까지 보지 못한 새로운 작품의 가능성을 보여줬다. 주연 없이 모든 배역이 고른 비중을 가지기도 한다. 줄거리 대신 배역 간의 상호 관계를 정교하게 표현하는 것에 집중하기도 한다. 〈컴퍼니Company〉(1970년), 〈폴리스Follies〉(1971년), 〈스위니 토드Sweeney Todd: The Demon Barber of Fleet Street〉(1979년) 등 지금도 걸작으로 평가되는 뮤지컬을 만들었다. 그의 작품은 상업성 일변도로 변해가는 브로드웨이의 마지막 자존심으로 평가되었다.

뮤지컬은 손드하임 이전과 이후로 구분된다고 평가할 정도로 20세기 후반 뮤지컬에 미친 그의 영향력은 대단했다. 어둠 속에서 다양한 실험이 이루어지고 예술적 완성도가 높아진 것은 확실하다. 하지만, 아쉽게도 그의 천재적 작품이 브로드웨이 부흥을 만들어 내지는 못했다.

British Invasion! 

미국 로큰롤이 죽어갈 때 비틀스가 찾아와 불길을 되살린 것처럼 위기의 브로드웨이가 살아날 돌파구를 만들어 준 것도 영국인들이었다. 그 시작은 1982년 공연된 뮤지컬 〈캣츠^{Cats}〉였다. 이 작품은 1981년 영국 공연의 중심지인 웨스트엔드 뉴런던극장^{New London Theatre}에 처음 올랐고, 대성공을 거둔다. 이 여세를 몰아 1982년 10월 7일 브로드웨이 윈터가든극장에서 역사적인 공연을 시작한다. 제작비는 550만 달러로 당시 브로드웨이 공연 중 가장 비쌌다. 그러나 티켓 선판매에서만 620만 달러를 벌어들였고, 10개월 만에 투자금을 모두 회수하는 기염을 토했다.

브로드웨이에서는 폐막을 정하지 않는 오픈런이 기본이다. 〈캣츠〉는 인기가 식지 않아 20년 넘게 공연을 이어갔다. 1997년 6월

19일 6,138회 공연을 하면서 〈캣츠〉는 이전 〈코러스 라인A Chorus Line〉(1975년)이 가지고 있던 기록을 깨고 브로드웨이 최장 공연 작품이 된다. 그때까지 이 작품이 브로드웨이에 미친 경제적 파급력은 31억 2천만 달러로 추산되었다.

〈캣츠〉는 다양한 공연 굿즈를 처음 유행시킨 작품이기도 하다. 한 번 보면 잊기 힘든 로고 디자인을 기반으로 컵, 모자, 옷, 열쇠고리, 책 등이 만들어졌다. 지금도 극장에 가면 볼 수 있는 뮤지컬 부대사업들은 대부분 〈캣츠〉의 성공 사례를 보고 시작되었다고 해도 과언이 아니다. 연장 공연을 이어가던 〈캣츠〉는 2000년 9월 10일 총 15번의 프리뷰와 7,485번의 공연을 기록으로 막을 내렸다.

재미있는 것은 〈캣츠〉의 흥행 기록을 깬 작품 역시 영국에서 건너온 〈오페라의 유령The Phantom of the Opera〉이라는 사실이다. 1988년 브로드웨이에서 첫 공연을 시작한 〈오페라의 유령〉은 2012년 2월 11일 브로드웨이 역사상 최초로 1만 회 공연을 돌파했다. 그리고 2023년 4월 16일 폐막까지 1만 3,981회를 무대에 올려 브로드웨이 최장 공연 기록을 가지게 된다.

이 두 작품은 천재 작곡가 앤드루 로이드 웨버Andrew Lloyd Webber와 제작자 캐머런 매킨토시Cameron Mackintosh의 협업으로 만들어진 불후의 명작들이다. 이 외에도 캐머런 매킨토시가 제작한 〈레미제라블Les Misérables〉이 1987년에, 〈미스 사이공Miss Saigon〉이 1991년에 브로드웨이에 상륙해 '매킨토시의 빅4' 모두 큰 성공을 거뒀다. 이처럼 웨스트엔드의 뮤지컬들은 브로드웨이 관객들에게 이제껏 보지 못한 신선함을 보여주며 극장가를 다시 붐업시켰다. 브로드웨이 제작자들은 환영했다. 어두운 침체의 그늘을 탈피할 수 있는 길을 열어줬기 때문이다. 영국 작품의 흥행으로 극장가에는 새로운 일자리가 만들어졌다. 이 때문에 외부 공연에 배

캐머런 매킨토시와 앤드루 로이드 웨버

타적이던 브로드웨이 노조들도 마음을 열고 받아들였다.

웨스트엔드의 뮤지컬들은 기존의 브로드웨이 작품들과 달랐다. 관객은 물론 제작자들에게도 새로운 충격을 주었다. 무엇보다 장대한 서사, 웅장한 음악, 스펙터클한 볼거리로 꽉 차있었다. 당시까지 브로드웨이에서 볼 수 없었던 화려한 작품들이었다. 보통의 작품에 비해 엄청난 물량이 투입되는 이런 작품들을 '메가 뮤지컬Mega Musical'이라고 불렀다.

메가 뮤지컬들이 흥행하기 전엔 런던의 작품들이 브로드웨이에서 공연되는 일은 흔치 않았다. 1차 세계대전 이전에만 해도 뉴욕과 런던의 공연계는 활발히 교류했었다. 그러나 전쟁으로 유럽이 황폐해지고 브로드웨이에 뮤지컬 황금기가 시작되었다. 이후 그 주도권은 완전히 뉴욕으로 넘어와 있는 상태였다. 1980년 이전까지 브로드웨이 제작자에게 웨스트엔드는 가끔 투어를 가는 미국 내 다른 도시와 크게 다를 바 없었다. 그러나 런던에서도 꾸준히 뮤지컬은 제작되고

있었다. 그리고 웨버, 매킨토시 같은 천재들이 등장하여 새로운 전기를 이끌어 낸다. 그 결과물이 바로 메가 뮤지컬이다.

메가 뮤지컬은 과거와 달리 엄청난 스케일을 가진다. 그 규모를 지루함 없이 끌어가기 위해서는 빈틈없는 음악, 수많은 출연진, 화려한 무대장치, 웅장한 합창, 극적인 줄거리 등 모든 요소가 딱 맞게 짜여있어야 했다. 브로드웨이의 전통 뮤지컬은 노래와 춤을 중심으로 아기자기하게 펼쳐지는 연극 무대에 가깝다. 그러나 메가 뮤지컬은 미술, 대본, 음악의 규모가 당시까지 볼 수 없는 공연이었다. 미국의 관객들은 새로운 충격에 함께 환호했다. 오감을 강렬하게 자극하는 메가 뮤지컬은 관객층을 넓혀 누구나 찾는 대표적인 관광 상품이 되었다.

메가 뮤지컬은 대규모로 투입되는 제작비를 회수하기 위해 철저히 대중성을 지향한다. 그때까지 브로드웨이의 전통적인 뮤지컬은 미국인들의 정서를 중심에 둔 것이 많았다. 그러나 메가 뮤지컬은 대

〈미스 사이공〉 헬기 장면

중성을 최대화하기 위해 특정 지역의 정서를 탈피하는 방향으로 제작되었다. 어디에서 공연을 해도 먹힐 정도의 범세계적 정서를 지향한다. 주제도 극적인 감정의 변화와 갈등을 담아 감동을 전한다.

볼거리도 끊임없이 등장한다. 예상치 못한 특수효과들이 쉴 새 없이 터져 나온다. 〈미스 사이공〉은 1막 마지막에 무대 위로 헬기가 등장한다. 당시만 해도 그 정도 크기의 실물 헬기를 무대에서 보리라 생각한 사람은 없었다. 〈오페라의 유령〉에서는 유령의 저주로 대형 샹들리에가 무대 위로 떨어진다. 유령이 여주인공을 태우고 자신의 거처로 갈 때는 곤돌라가 등장한다. 이 배가 안개 호수 위를 떠가고, 촛대가 지하에서 등장해 하늘로 날아 올라간다. 이런 장면들은 한 번 본 작품을 잊지 못하게 하는 강력한 요소가 된다. 스펙터클을 구현하기 위해서는 고도로 계산된 장치들을 직접 제작해 넣어야 하며, 이것은 당연히도 제작비의 상승을 뜻한다.

수익을 극대화하기 위해 마케팅 기법도 개발되었다. 마케팅 플랜은 이전 시기에 비해 고도로 세밀하게 세워졌다. 과거에는 티켓 매출을 중심으로 사업을 계획하는 수준이었다. 메가 뮤지컬은 작품을 올림과 동시에 전 세계로 공연 저작권을 판매하고 음반과 관련 굿즈 등 부대사업까지 한꺼번에 진행했다. 이 목적을 위해 개별 작품들을 각기 하나의 브랜드로 각인시키기 위한 최신 경영 기법을 도입했다. 포스터 디자인부터 핵심 아이덴티티를 정해서 전 세계에 동일한 이미지를 심어주는 브랜드마케팅 기법을 적극적으로 활용한다.

미국 시장에 매몰되어 있던 브로드웨이 제작자들에게는 이런 사업

모델이 없었다. 런던에서 성공시켜 브로드웨이에서 검증하고 전 세계로 확대되는 영국 뮤지컬의 전략은 정확히 맞아 들어갔다. 1990년대 들어서 매킨토시의 빅4는 세계 곳곳에서 동시에 공연되었다. 그의 뮤지컬은 이전 시기에 볼 수 없었던 엄청난 수익을 창출하며 브로드웨이의 비즈니스 모델을 완전히 뒤바꿔 놓는다.

뮤지컬 학자 마크 스테인Mark Steyn은 뮤지컬의 역사를 'BC and AD'로 나누었다. 여기서 'BC'는 Before Cats, 즉 〈캣츠〉 이전을 말한다. 'AD'는 Andrew Dominant 즉 앤드루 로이드 웨버 이후를 뜻한다. 다시 말해 〈캣츠〉와 그 작곡자 앤드루 로이드 웨버를 중심으로 그 이전의 역사와 그 이후의 역사가 나뉜다는 의미다. 그만큼 〈캣츠〉를 출발점으로 하는 메가 뮤지컬이 세계에 준 충격은 엄청나다.

〈캣츠〉는 1980~90년대 오스트리아, 독일, 헝가리, 노르웨이, 네덜란드, 스웨덴에 수출되어 큰 인기를 얻는다. 독일에서는 1986년 4월 함부르크의 오페레텐하우스Operettenhaus에서 초연되었다. 이후 2001년 1월까지 15년간 6,100회의 공연을 하였고, 620만 명의 관객을 동원했다. 이 작품은 공적 자금의 지원 없이 제작된 독일 최초의 프로덕션이었다. 독일 〈캣츠〉의 성공은 공연 산업의 상업적 가능성을 증명해 주는 첫 사례가 되었다.

이에 힘입어 독일은 함부르크를 '음악의 수도'로 이미지 메이킹을 하여 미국, 영국에 이어 세 번째로 큰 음악 시장으로 성장시켰다. 함부르크는 뮤지컬의 도시로 이름나 관광객이 늘어났다. 야간 방문객의 수는 〈캣츠〉 초연 후 첫 5년 동안 매년 백만 명 이상 증가했다.

〈캣츠〉는 오스트리아 빈에서도 큰 성공을 거뒀다. 함부르크에 이어 독일어권 공연계를 완전히 바꾸어 놓은 셈이다. 오스트리아에 뮤지컬 붐이 일어 작품이 제작되고 곳곳에 극장이 건설되었다. 이후 만들어진 작품이 〈엘리자벳〉, 〈레베카〉 같은 것들이다. 이미 눈치챈 사람도 있겠지만, 이때 만들어진 오스트리아 작품들은 훗날 한국으로 다시 수입되어 큰 인기를 얻는다.

함부르크 〈캣츠〉 초연 극장

도쿄 〈캣츠〉 전용 극장

〈캣츠〉는 가까이 있는 일본의 공연시장도 뒤집어 놓는다. 극단 시키四季는 1983년 11월 도쿄 신주쿠에서 〈캣츠〉 초연을 올린다. 작품이 세계적인 인기를 얻자 1년간의 장기 공연을 계약했다. 그러나 당시 그렇게 긴 기간 공연을 할 수 있는 극장이 없었다. 극단은 정치적 로비까지 감행하여 정부의 지원 3억 엔을 포함하여 총 8억 엔을 들여 가설극장을 짓는다. 극단의 명운을 건 엄청난 모험이었다. 결과는 대성공. 이후 〈캣츠〉는 오사카, 후쿠오카, 나고야, 삿포로 등 일본의 주요 도시에서 공연되었다.

현재까지 〈캣츠〉가 가장 많이 공연된 나라는 일본이다. 지금도 도쿄 시나가와에 지어진 전용 극장에서 공연이 이어지고 있다. 여기서 그치지 않았다. 〈캣츠〉는 관객과 언론의 스포트라이트를 받으며 80년대 뮤지컬 붐을 일으킨다. 제작사들은 앞다투어 브로드웨이 뮤지컬을 수입했고, 일본 공연계의 시장구조가 완전히 바뀌는 계기가 된다.

〈캣츠〉는 이 외에도 호주, 싱가포르, 홍콩 등까지 수출되어 성공적인 공연을 했다. 〈캣츠〉가 펼친 세계 시장에는 이후 다른 메가 뮤지컬들이 연이어 진출해 새 역사를 쓴다. 세계 곳곳에서 뮤지컬 산업이 부흥했고, 연관된 공연 산업도 같이 성장한다.

메가 뮤지컬의 영향력 안에서 지금 우리 뮤지컬 시장이 시작된다. 세월이 한참 지난 2001년이지만, 웨버-매킨토시 콤비의 걸작 〈오페라의 유령〉이 한국의 뮤지컬 붐을 일으키는 주역이 된다. 그런데 여기서 잠깐, 의문이 들지 않는가? 긴 지면을 할애해서 브로드웨이 뮤지컬이 성장한 과정을 얘기했는데, 결국 우리에게 결정적 영향을 준 것은 영국 웨스트엔드의 뮤지컬이라고? 그런데도 아직도 우리는 '브로드웨이 뮤지컬'을 공연계의 최고봉으로 숭배하고 있지 않은가? 왜 우리에겐 이런 현상이 벌어진 걸까? 이에 대한 답은 추후 다시 살펴보기로 하고, 이 질문을 마음에 담아두었으면 한다. 다시 브로드웨이로 돌아가 보자.

사자왕의
등장

뉴욕에 가보지 못했더라도 'I♡NY' 로고는 본 적이 있을 것이다. 시장에서 파는 티셔츠에서도 쉽게 볼 수 있다. 뉴욕을 뜻하는 'NY'를 다른 도시로 바꾼 수많은 머그컵들이 팔린다. 20세기 가장 잘 알려진 디자인 중 하나다. 이 로고는 1970년대 바닥으로 떨어진 뉴욕의 명성을 되살리기 위해 시작한 캠페인에서 나온 것이다. 철저한 시장 조사를 기반으로 볼거리 많은 타임스퀘어, 화려한 조명의 브로드웨이 등을 대표적인 이미지로 내세웠다. 그리고 자연환경의 우수함과 금융의 중심지로서 뉴욕을 부각시키는 것을 홍보의 방향으로 잡았다. 뉴욕은 이 캠페인을 시작하고 1년 뒤 관광 수입이 1억 4천만 달러 증가했다. 예상보다 큰 성공에 고무된 뉴욕주는 캠페인 예산을 두 배로 늘리고 이후 10년간이나 광고를 지속했다.

뮤지컬은 'I♡NY' 캠페인의 대표 상품으로 선정되어 정책의 성공에 큰 역할을 한다. 특히 TV를 통해 방영된 광고는 〈코러스라인A Chorus Line〉의 군무, 〈왕과 나King and I〉의 주연배우 율 브리너 등 다채로운 뮤지컬 영상이 나와 큰 인기를 끌었다. 정부 차원에서 뮤지컬을 적극적으로 밀어준 결과물이다. 지원이 가능했던 배경에는 공연의 경제적 파급효과가 드러난 시장 조사와 뮤지컬 제작자들의 적극적인 움직임이 있었다.

미국 극장주/제작자협회League of American Theatres and Producers(브로드웨이 리그의 전신)는 1977년 브로드웨이 공연이 뉴욕시 경제에 미치는 효과에 대한 연구결과를 발표했다. 〈브로드웨이 극장 : 타임스퀘어 재개발의 열쇠Broadway Theatre : A Key to Redevelopment of Times Square〉라는 보고서였다. 이 보고서는 브로드웨이 공연 매출이 연간 2억 1,700만 달러에 달한다는 것을 보여줬다. 극장 사업의 경제적 효과는 거기서 끝나지 않고 식당, 호텔, 교통 산업, 관광 등의 수입도 증가시킨다는 사실도 증명했다. 보고서는 브로드웨이 공연이 뉴욕의 "유일하고 가장 위대한single greatest" 관광 상품이라고 주장한다.

이 보고서는 'I♡NY' 캠페인 정책에 뮤지컬을 적극적으로 반영하는 데 결정적인 영향을 미쳤다. 그리고 캠페인은 미국인들이 뮤지컬에 대한 인식을 새로이 가지게 하는 계기를 마련해 주었다. 뮤지컬은 업자들이 만들어 내는 상품에서 뉴욕에 없어서는 안 될 문화 자원으로 위상이 격상되었다.

뉴욕주는 캠페인의 연장선상에서 도시의 겉모습을 완전히 바꾼

다. 1980년대 일어난 건설 붐에 맞춰 브로드웨이를 재개발하기로
한 것이다. 1981년 뉴욕 주정부 산하 기관인 '뉴욕주 도시 개발 공사
New York State Urban Development Corporation(UDC)'는 극장가에 해당하는
42번가 서부를 재개발 지구로 선정한다. 그리고 정책 실행을 위해
재개발 지역을 특별 구역으로 지정하는 조례를 제정한다. 조례는 건
물의 용적률을 높여 타임스퀘어 인근을 신축 건물로 개발할 수 있도
록 허가했다. 동시에, 거리가 어두워지지 않도록 밝은 표지판을 설
치하도록 권장했다. 지금 우리가 기억하는 휘황찬란한 타임스퀘어
의 모습은 이때부터 시작되었다.

　유해업소도 정리되었다. 주정부는 음란물 극장을 퇴거시켰다. 동
시에 관광객들에게 친숙한 밀랍 인형 전시장인 마담 투소, 영화관
체인인 AMC를 42번가로 이주시켰다.

　뉴욕시가 재개발 정책을 강
력하게 밀고 나갈 수 있던 배
경에는 새로 공연 사업에 뛰
어든 디즈니의 행보도 한몫했
다. 디즈니는 브로드웨이 극
장을 활성화하고 인근 환경 개
선을 위한 사업에 참여하기
로 한다. 맨해튼 42번가에 위
치한 뉴암스테르담극장New
Amsterdam Theatre은 훌륭한 입

뉴암스테르담극장

지 조건과 긴 역사를 지닌 공연장이다. 그러나 경영난으로 1980년대부터 운영을 하지 못하고 있었다. 디즈니는 뉴욕시로부터 극장의 개조에 필요한 자금을 지원받는다. 이렇게 극장을 리노베이션하고 〈라이언 킹〉이 개막된다. 극장 주변 환경이 완전히 바뀐 것은 말할 것도 없다. 이후로도 이 극장에서는 〈메리 포핀스Mary Poppins〉(2006년), 〈알라딘Aladdin〉(2013년) 등 디즈니 작품들이 공연되며 흥행을 이끈다.

"아~~ 그랬냐 발발이 치와와~"라는 개그 소재로 사용될 만큼 우리에게 익숙한 〈Circle of Life〉는 뮤지컬 〈라이온 킹The Lion King〉을 여는 강렬한 노래다. 〈라이온 킹〉이 보여준 새로운 음악은 인기가수이자 작곡가인 엘턴 존Elton John이 작곡했다. 그는 아프리카 음악, 팝, 힙합 등 장르를 넘나들며 새로운 음악을 창조했다. 음악뿐 아니다. 엄청난 스케일, 상상력을 초월하는 분장, 환상적인 무대 연출이 돋보이는 걸작으로 공연을 시작하자마자 큰 화제가 되었다. 애니메이션 원작에 이미 익숙한 관객들이 모여들었고, 원작을 뛰어넘는 문화 체험을 선사해 엄청난 성공을 거뒀다.

〈라이온 킹〉은 1997년 첫 공연을 오픈하자마자 브로드웨이의 최강자에 등극했다. 그리고 2014년에는 〈오페라의 유령〉이 가진 기록을 깨고 브로드웨이 역대 최고 매출을 가진 작품으로 기록되었다. 브로드웨이에서 1988년 개막한 〈오페라의 유령〉보다 9년이나 늦게 시작했는데도 매출액이 그 기간을 모두 상쇄하고도 남았다는 이야기다.

범위를 세계로 넓혀보면 〈라이온 킹〉의 위상은 더욱 거대하다. 경제 전문지 《포브스》의 발표에 따르면, 뮤지컬 〈라이온 킹〉의 글로벌 수익은 기사가 나온 2017년 기준 81억 달러에 이른다. 이것은 당시 글로벌 박스 오피스 2위인 〈오페라의 유령〉의 세일즈인 60억 달러보다 월등히 많은 수치이며, 영화 〈스타워즈Star Wars〉의 모든 시리즈 총수입 82억 달러에 육박하는 수치였다.

그러나 좋은 점 뒤엔 늘 단점도 있는 법, 〈라이온 킹〉의 성공엔 많은 우려가 제기되었다. 전통적인 브로드웨이 제작 자본이 아닌 막대한 자금력을 지닌 공룡 엔터테인먼트 그룹이 극장가에 나타났기 때문이다. 디즈니의 작품들은 영국의 메가 뮤지컬을 뛰어넘는 규모와 화려함을 보여준다. 브로드웨이 공연 관객 대부분은 국내외 관광객이다. 그들이 어떤 작품을 선호할지는 오래 생각하지 않아도 금방 알 수 있다. 이미 익숙한 애니메이션 원작, 화려한 무대, 이보다 적합한 관광 상품이 있을까?

디즈니 규모의 작품은 웬만한 자금이 없으면 만들 수 없다. 뮤지컬은 초기 자본을 모집하기도 힘들지만, 제작 단계와 운영 단계에서 예상하지 못한 추가 지출이 늘 발생한다. 디즈니는 이런 자금 문제에서 비교적 자유로웠다. 〈라이온 킹〉도 애초 계획된 예산 1,800만 달러보다 두 배가량을 더 썼다. 공연을 만든 줄리 테이머가 작품을 제작을 위해 다양한 실험을 할 수 있었던 것도 풍부한 자금이 뒷받침됐기 때문이다. 세계를 무대로 하는 마케팅 물량과 시스템 또한 기존의 브로드웨이 제작자들은 상상할 수 없는 것이었다. 무궁무진한 원작 소스, 막대한 자금력, 전 세계에 뻗어있는 마케팅 시스템은 디즈니 외에는 가질 수 없는 자산이다. 이 공룡이 브로드웨이를 독식하고 상업적 싸움을 부추겨 시장을 양극화시킬 수 있다.

나아가 뮤지컬 제작자들과 비평가들은 브로드웨이가 디즈니피케이션Disneyfication되는 것을 우려하고 있다. 디즈니피케이션은 도시가 고유의 특성을 잃고 관광객을 위한 놀이공원처럼 획일적으로 변해가는 현상을 뜻한다. 디즈니가 뉴암스테르담극장을 맡고 나서 주위 환경을 모두 바꿔놓았다. 또, 엄청난 물량 공세로 외부 관광객을 끌어모으는 작품을 위주로 생산해서 다양성을 해친다. 이런 점들은 디즈니피케이션을 걱정할 충분한 근거가 된다. 제작자들이 살아남기 위해 다양한 시도를 포기하고 관광객 취향 일색의 뮤지컬들을 생산하면 오랜 시간 축적된 브로드웨이의 노하우는 잊힐 수 있다. 타임스퀘어는 더 화려해졌지만 오랜 전통이 돈의 물결에 희석될 수 있다는 우려다.

타임스퀘어와 극장가를 거닐어 보면 세상에 이처럼 화려한 곳은 없어 보인다. 직접 공연을 관람해 보면 작품의 완성도가 주는 만족감에서 브로드웨이 뮤지컬이 최고의 위치에 있다는 것을 충분히 느낄 수 있다. 특히 메가 뮤지컬과 디즈니의 오리지널 캐스트 작품들은 한국에서 공연되는 라이선스나 투어 작품이 범접하기 어려울 정도로 훌륭하다. 하지만, 이런 작품들 외에는 일반적인 정서를 가진 한국 관객들이라면 이게 뭔가 싶을 것들이 더 많다. 많은 작품들이 지금 한국의 대극장에서 볼 수 있는 뮤지컬에 비해 상대적으로 수수한 느낌에 정서도 생경하다.

엄청난 인기로 일부 좌석 가격이 3천 달러를 넘겼었던 뮤지컬 〈해밀턴Hamilton〉은 힙합으로 풀어낸 미국의 건국 이야기다. 딱딱 떨어지는 랩의 라임을 즐기지 못하고 미국 역사에 대한 지식이 없으면 재미없는 작품이다. 무대도 매우 연극적이어서 화려한 볼거리나 군무를 찾기 어렵다. 또, '정치적 올바름politically correct/PC'을 중시한 배역들을 만나게 된다. 역사적 사실과 배치되는 캐스팅을 본다. 워싱턴 대통령이 흑인인 식이다. PC에 익숙하지 않은 관객은 어색하게 느껴질 수 있다. 재기 발랄한 코미디로 시종일관 재미를 놓칠 수 없는 〈북 오브 몰몬The Book of Mormon〉도 미국식 유머로 점철되어 있다. 시도 때도 없이 아무 집이나 벨을 누르는 미국 몰몬교의 포교, 지저분한 B급 정서를 지향하는 화장실 유머를 모르면 쉽게 몰입하기 어렵다.

브로드웨이 작품들이 완성도가 높고 배우들의 연기가 뛰어나다는 측면에서 최고 수준인 것은 맞다. 하지만 〈해밀턴〉이나 〈북 오브 몰몬〉 같은 인기작들도 화려한 무대나 퍼포먼스와는 거리가 있다. 브로드웨이 인기작이라는 뮤지컬들은 전통적인 장르의 완성도가 높거나, 미국 문화적 정서 안에서의 즐거움을 준다는 의미일 수 있다. 브로드웨이 공연장에서 한국 사람의 정서에 잘 맞고 편히 즐길 공연은 결국 메가 뮤지컬이나 디즈니 작품 정도라는 뜻이기도 하다.

브로드웨이가 최고라는 판단은 새로운 것을 만났다는 기쁨보다는 오래된 전통의 권위 위에 있는, 조금은 낡은 모습 위에서 내려진다. 극장에 들어가면 세월이 켜켜이 쌓인 고풍스러움에서 브로드웨이의

뮤지컬 〈해밀턴〉

뮤지컬 〈북 오브 몰몬〉

깊은 역사를 쉽게 느낄 수 있다.

작품들도 과거의 영광을 이어가는 것들이 많다. 자료를 찾아보면 코로나 직전 시기인 2018-2019 시즌에 공연된 작품들에 〈회전목마Carousel〉(1945년 초연), 〈마이 페어 레이디My Fair Lady〉(1956년 초연), 〈카바레Cabaret at the Kit Kat Club〉(1966년 초연) 등 제작된 지 많게는 70년이 넘은 것들도 포함되어 있다. 우리로 치면 광복 때부터 한국전쟁 전후 시기에 공연된 신파극을 지금 다시 보는 것과 비슷하다. 최근 시기인 2023-2024 시즌에 공연된 작품들에도 〈Purlie Victorious(1961년 초연 연극), 〈카바레〉(1966년 초연), 〈마법사The Wiz〉(1975년 초연) 등 제작된 지 많게는 60년이 된 것들도 다수 포함되어 있다.

오래된 작품은 그 나름의 고전적인 완성도 때문에 꾸준히 사랑을 받기 마련이다. 그러나 그것이 신선한 문화 체험을 위해 선택되는 경우는 적다. 우리가 클래식이나 한국 전통 공연을 보러 갈 때 새로운 문화 체험을 기대하진 않는다. 이런 공연에서는 다른 가치를 경험하길 기대한다. 브로드웨이 전통 뮤지컬도 비슷하다. 미국에서 뮤지컬은 '나이 든 백인 중산층을 위한 장르'라고 평가된다. 현장에 가보면 이 말을 현실로 절감하게 된다. 나이가 지긋한 관객들이 대부분이고, 그들에게 맞는 작품들이 많이 공연된다.

그렇지만 브로드웨이만큼 치열한 곳은 없다. 저급한 쇼, 홍키통크로 치부되던 시절부터 브로드웨이는 먹고살기 위한 치열한 각축장이었다. 지금도 매년 수없이 많은 작품들이 공연되며 약 30%만 수익을 얻어 살아남고 나머지는 잊힌다. 꿈의 무대지만 냉정한 현실이 버티고 있는 곳이 브로드웨이다. 화려한 겉모습에 안주하면 금방 도태될 수밖에 없는 곳이다. 아직도 브로드웨이가 공연 산업의 중심지로 대표될 수 있는 것은 이 치열함을 이기고 살아남는 작품들은 경쟁력을 인정받기 때문이다.

현재의 브로드웨이는 '최고지만 낡은, 그리고 영원히 치열한 곳'이라고 생각한다. 나는 브로드웨이를 공부하고 겪으면서 우리나라 뮤지컬 시장에서 그곳의 낡고 치열한 모습은 외면하고 화려한 겉모습만 소비되고 있는 것은 아닌지 깊은 고민에 빠지게 되었다. 뮤지컬 산업이 한창 발전하고 있는 우리나라 상황에 브로드웨이는 어떤 의미를 지니고 무슨 영향을 미쳐왔던 것일까?

04

한국 최초의 뮤지컬은 무엇인가?

미제 물건의 추억 

"미제는 똥도 좋다."

못 살던 시절, 'Made in USA'는 최상품을 뜻했다. 한국전쟁이 휩쓸고 간 후 아무것도 없는 이곳에 세계에서 가장 풍요로운 나라 미국의 물건은 무엇이든 신기하고 좋은 것이었다. 미군 부대에서 흘러나온 것들을 유통하는 도깨비시장, 양키시장이 형성되었다. 물건을 몰래 떼다 보따리로 팔고 다니는 '미제 아줌마'도 있었다. '씨레이션'으로 대표되는 다양한 먹거리부터 로션, 치약, 술 심지어 감기약, 해열제까지 없어서 못 사는 보물이었다. 불법이었지만 시장이나 미제 아줌마에게서 어렵게 이런 물건들을 구할 수 있었다.

당시 미국은 전 세계에서 거의 유일하게 제대로 된 생산 기반을 가진 나라였다. 1, 2차 세계대전으로 폐허가 된 유럽은 힘을 못 쓰고 있었다. 아시아 지역은 아직 산업화의 첫발도 못 떼는 수준이었다. 당연히도 미제 물건은 세계에서 가장 질 좋은 것이었다. 한국은 제대로 된 공장 하나 없던 땅이었다. 먹을 것도 원조를 받아야 하는 최빈국이었다. 이런 곳에서 '미제 물건'이 가지는 위세는 절대적이었다. 미제 물건이라면 비판의 여지없이 최고 대우를 받았다. 미제 물건에 대한 선망은 이후로도 길게 이어진다. 1980년대, 더 길게 잡으면 1990년대까지 '미제'라면 좋은 것이라는 인식이 지속되었다.

미제에 대한 선호는 물건에서 끝나지 않았다. 미국은 한국의 사회 시스템부터 문화의 소비 방향까지 모든 것을 바꿔놓았다. 한국은 강제 개항과 일제 강점기를 거치며 이미 서구식 생활을 받아들이고 있었다. 당시 모던 보이, 모던 걸이라는 말은 서양식으로 멋을 내고 생활하는 멋쟁이들을 뜻했다. 다만, 서구문화를 일본이라는 점령 국가의 필터를 통해 경험하고 있었다.

해방이 되자 이 필터가 없어졌다. 세계 최강국이자 자본주의의 기수였던 미국의 대중문화가 직접 한국에 전파된다. 그럴 수밖에 없었다. 한국전쟁이 끝나고 미국은 최대 우호국이자 원조국이 되었다. 매 끼니를 걱정하는 한국 사람들에게 먹을 것을 주는 형제의 나라였다. 풍요롭게 사는 미국은 한국인이 지향해야 하는 삶의 목표가 되었다.

이렇게 자연스럽게 생긴 정서 위에 냉전의 엄격한 잣대가 힘을 더했다. 친미 반공 이데올로기는 미국 문화에 절대적인 동경심을 가지게 만들었다. 이데올로기로 차단된 한국인이 소비할 수 있는 대중문화는 잔재해 있던 일본의 것 아니면 미국의 것뿐이었다. 당연히도 일본 문화는 청산해야 할 적폐였다. 유럽의 대중문화는 아직 멀리 있던 때다. 이렇다 보니 미국식 문화가 생활 전반을 지배했다.

결국, 먹고 입는 생필품은 물론 인간의 정서와 관련된 문화콘텐츠까지 'Made in USA'는 가난한 한국이 숭배하는 대상이 되었다. 매스미디어는 이런 문화적 인식 변화를 가속시켰다. 가장 민감하게 반응하는 대중음악부터 변화가 일어났다. 미군정청이 운영하는 라디오 방송국을 통해 미국 대중음악이 대대적으로 송출되었다. 대중문화가 발달해 있던 미국의 음악은 화려하고 완성도가 높았다. 이전 시기의 음악들을 촌스럽게 느끼도록 만들기 충분했다. 게다가 아직 절대 빈곤을 벗어나지 못한 사람들이 들었으니, 그에 대한 동경이 엄청났다. 한국 사람들은 풍요로운 미국의 이미지를 그리며 그 음악을 들었을 것이다.

미8군 무대는 한국 대중음악과 공연 분야의 인기스타를 만들어 냈다. 1950년 한국전쟁이 발발하자 미국은 일본에 있던 제8군을 한국에 투입했다. 전쟁이 한창이던 1951년에는 32만 명이 주둔했다고 한다. 이들은 혈기 왕성한 젊은이들이었다. 타지에 파병되어 힘들어하는 이들을 위해 엔터테인먼트를 제공하는 것은 필수였다. 미군은 향수병을 달래기 위해 미국 현지와 비슷한 오락물을 제공하려 했다.

처음에는 본토에서 공연단을 초청했다. 엘비스 프레슬리, 매릴린 먼로, 냇 킹 콜 등 대스타들이 한국에 왔다. 그러나 매일 즐길 공연물을 그런 방식으로 제공할 수는 없는 법. 결국 휴전 이후 공연을 볼 수 있는 '구락부', 즉 클럽Club을 설립한다. 휴전선뿐 아니라 대구, 부산, 목포 등 미군기지가 들어선 모든 곳에 클럽이 형성된다. 그리고 이 쇼 무대에 세울 사람들을 찾아 오디션을 실시했다.

전쟁을 거치며 예능인들은 쇼를 할 곳이 없었다. 공연을 할 장소도 마땅치 않았고, 행여 공연을 한다 해도 돈을 들여 그것을 보러 올 사람이 없었다. 끼니를 해결하는 것이 숙제였던 한국인들에게 여흥은 꿈도 꿀 수 없는 사치였다. 당연히도 공연을 업으로 하던 사람들은 모두 생계를 걱정하는 상황에 내몰렸다. 이런 사람들에게 미8군 무대는 한 줄기 빛과 같은 존재였다. 모두 음악을 하기 위해서, 또 막막한 생계를 잇기 위해 미8군을 찾았다.

미8군 쇼

미8군 클럽 오디션은 음악 전문가와 미군 클럽 관계자가 참여했다. 음악성과 영어 실력, 쇼맨십을 주로 확인했다. 오디션을 통과하는 것은 실력을 완전히 인정받는 것과 같았다. 지금 우리가 생각하는 대형 기획사의 오디션에 통과하는 것보다 더 대단한 일이었다. 오디션을 통과하면 바로 공연할 수 있었고, 수입도 보장되었다. 먹고살기 힘든 시절, 미8군 무대에 선다는 것은 암울한 생활을 청산할 수 있다는 의미였다. 모두 죽기 살기로 미8군 무대에서 서기를 희망했다. 특히 미8군 무대는 과거 이력이나 인맥을 따지지 않고 오직 실력으로 평가했다. 당연히도 전국의 끼 있는 사람들이 앞다투어 모였다.

미8군 무대가 가장 활발하던 시절에는 264개의 클럽과 20개의 쇼단이 있었다고 한다. 규모가 커지다 보니 미8군을 중심으로 하는 연예산업 시스템이 만들어진다. 화양흥업, 유니버설, 삼진 등의 연예대행사가 차려져 활동했다. 이 당시 이들이 벌어들인 수입이 100만 달러에 달했다고 한다. 아무 생산 기반이 없던 한국에서 가장 큰 산업 중 하나였다.

여기서 만들어진 산업기반이 향후 한국 대중문화를 선도한다. 1960년대 이후 미8군 출신 가수들이 한국 가요계의 스타로 활동했다. 가왕 조용필, 전설의 디바 패티 김같이 지금까지 영향력을 미치는 거장들이다. 김희갑, 신중현, 이봉조, 길옥윤 등의 아티스트들도 모두 미8군 출신이다. 이들은 6개월마다 실시하는 오디션 심사를 치르고 살아남은 예능인들이다. 특히 현미, 윤복희는 늘 가장 높은 등급인 더블 A를 받았다고 한다. 노래 실력, 무대 매너 등이 본토 미국인들의 재능을 넘어선 것으로 평가받았다. 이 무대에서는 미국의 대중음악인 스윙재즈, 스탠더드 팝, 컨트리 등이 주로 연주되었다. 이런 음악들은 당시 한국에서 가장 세련된 문화로 받아들여졌다.

영화도 미제가 최고였다. 대부분 알고 있을 것이다. 1990년대에

1966년 신문 영화광고 페이지

한국 영화가 두각을 나타내기 이전까지 할리우드 영화가 한국 영화 시장을 주도했다. 당시 대중들에게 미국 영화는 문화를 주도하는 콘텐츠였다. 유명한 할리우드 배우들은 동경의 대상이었다. 이런 경향은 전후 시기에 훨씬 강했다. 1950년대 중반부터 영화는 한국에서 가장 대중적인 문화콘텐츠로 군림했다. TV도 없던 시절, 대중들이 볼 수 있는 영상매체는 영화가 유일했다. 당시 할리우드 영화의 영향력은 절대적이었다. 신문이나 잡지의 광고에 미국 영화가 대부분을 차지했다. 할리우드 영화는 신문화 내지는 고급문화의 이미지로 고학력 여성들에게 소비되는 경향이 있었다.

이때 상영된 작품 중에는 지금도 걸작으로 평가되는 뮤지컬 영화들이 다수 포함되어 있다. 〈7인의 신부 Seven Brides for Seven Brothers〉(1955년/이하 한국 개봉일 기준), 〈쇼 보트 Show Boat〉(1956년), 〈왕과 나 The King and I〉(1957년), 〈상류사회 High Society〉(1957년), 〈회전목마 Carousel〉(1958

114

영화 〈남태평양〉 광고

영화 〈사운드 오브 뮤직〉 광고

영화 〈웨스트사이드 스토리〉 광고

영화 〈왕과 나〉 포스터

년), 〈아가씨와 건달들Guys and Dolls〉(1959년) 등이다.

화질과 음질을 한층 업그레이드한 70밀리 영화를 관람할 수 있게 된 1960년대는 뮤지컬 영화의 인기가 더 커졌다. 〈남태평양South Pacific〉(1961년), 〈오클라호마!Oklahoma!〉(1962년), 〈웨스트사이드 스토리West Side Story〉(1967년), 〈사운드 오브 뮤직Sound of Music〉(1969년) 등은 엄청난 인기를 끌었다.

이 영화들은 그때까지만 해도 한국에 잘 알려지지 않았던 뮤지컬이라는 장르를 대중들에게 강하게 각인시킨다. 흥미진진한 스토리가 진행되다 가슴을 울리는 노래가 나온다. 흥이 오를 만큼 올랐을 때면 배우들이 신나게 춤을 춘다. 환상의 세계를 찾아 극장을 온 관객들에게 이만큼 재미있는 것은 없었다. 한국의 관객들은 이 작품들에 구현된 세계에 동경심을 가졌다. 당연히도 뮤지컬이라는 새로운 미국식 장르에도 호감을 가지게 되었다.

비록 실제 무대는 아니었지만 브로드웨이 황금시대 작품들의 서사 구조와 음악 정서들이 관객들에게 익숙하게 받아들여졌다. 상상해 보라. 정통적인 극의 전개에만 익숙한 관객이 있다고 하자. 이 사람에게는 이야기가 진행되다가 갑자기 노래를 부르고 춤을 추는 극 형식에 이질감을 느낄 수 있다. 그러나 뮤지컬 영화들은 이런 관객들도 뮤지컬이 진행되는 형식을 자연스럽게 생각하도록 만들었다.

또, 열거한 영화 리스트 속에 앞서 얘기했던 로저스&해머스타인 작품들이 보일 것이다. 이 시기 뮤지컬 영화들이 브로드웨이 정통 작법에 따라 창작된 것이라는 의미다. 즉 미국의 정서를 미국의 노래와 춤에 맞게 구성한 작품들이다. 문화콘텐츠는 다른 문화권에 전달되었을 때 '문화적 할인'이라는 장벽에 부딪히기 마련이다. 정서의 차이만큼 호응을 얻기 어렵다는 의미다. 그런데, 이 영화는 그 진입 장벽도 넘어서 관객의 인기를 얻었다.

공연계도 뮤지컬 영화에 큰 자극을 받았다. 새로운 음악이 멋진 배경에서 펼쳐지는 화면을 그대로 무대에 옮기고자 하는 욕구를 자극했고, 실제로 직간접적으로 뮤지컬 문법을 따라 하는 공연물들을 만들어 내게 된다.

4·19와
'뮤직칼 쑈'

1960년, 초대 대통령 이승만의 독재에 항거해 4·19혁명이 일어난다. 민주적인 사회를 위해 독재정치를 무너뜨린 만큼 여러 제도가 바뀌었다. 공연계에도 큰 변화가 생겼다. 4·19 이후 공연이 신고제로 전환되면서 정부의 규제 없이 쑈를 만들 수 있게 됐다. 이전 시기에는 미리 검열을 받고 정부의 허가가 나야 공연을 올릴 수 있었다. 독재 정권 아래서 이 과정을 겪고 올릴 수 있는 공연은 제한적이었다. 이런 분위기에서 만들어졌던 공연의 내용은 미루어 짐작 가능할 것이다. 그런데 4·19로 이 규제가 없어졌다.

공연업계에서는 새로운 시장이 열릴 것을 직감했다. 이때 미8군 무대에 섰던 사람들이 공연계에 적극 진출한다. '그랜드 쑈', '바리에티 쑈' 등 미국 버라이어티의 영향을 받은 공연과 '쑈 뮤지칼', '뮤지칼 코메디', '뮤직칼 쑈' 등 뮤지컬 이미지를 차용한 무대들이 만들어진다. 물론 제대로 된 뮤지컬을 무대에 올릴 역량은 아직 없는 상태였다. 그래도 관객들이 미국의 쇼 문화인 버라이어티나 뮤지컬을 새롭고 세련된 것으로 받아들였기 때문에 제목에 적극적으로 차용한 것이다.

1960년대 초 전국에서 활동하는 쇼 단체는 서울 열두 개, 지방 여섯 개로 각각의 쇼 단체들이 3개월에 한 번 정도 규칙적인 공연을 할 수 있을 만큼 기업화되어 있었다. 서울에서는 가장 큰 시민회관 대무대를 거의 독점했고, 명절 대목이 되면 영화관에서도 쇼를 할 정도로 크게 흥행했다. 그러나 이런 쇼들은 제목만 뮤지컬 이미지를 가져왔을 뿐, 대본이 없는 즉흥 공연들이었다. 모두 이름만 다르고 내용과 구성은 비슷했다. 즉 서사와 결합되어 통합된 종합예술이 되기 전 상태의 공연들이었다. 그래도 쇼를 만드는 사람들은 동경하는 미국 문화를 따라 하고 그 완성도에 근접하기를 희망했을 것이다. 동시에 그것을 재해석한 자생적 대중 공연물들을 만들기 시작했을 것이다.

1960년대 워커힐 쇼

미국식 쇼는 일본풍의 공연을 밀어내고 그 자리에 들어간다. 그때까지 대중들은 일제 강점기부터 자리 잡았던 유랑극단, 악극단의 공연을 소비했다. 꽤 인기가 많은 공연물이었지만, 늘 '딴따라'라며 평가절하 되는 이중적인 평가를 받았다. 재미있는 것은 악극에 그렇게 엄격한 잣대를 들이대던 사회적 시선이 미국식 쇼에는 똑같이 적용되지 않았다는 사실이다. 미국 대중문화에 대한 애정은 지나칠 정도였다. 1966년 9월 발매된 《신동아》에는 이런 기사가 실려있다.

> "한국에서는 블루스를 기조로 하는 재즈 음악과 대중가요가 뒤범벅이 되어서, 거의 종잡을 수 없는 아메리카니즘의 광태(狂態)가 연출되어 왔다. 세계 어느 나라에 가도(아마 일본을 제외하고는) 미식(美式) 대중음악이 미국어와 미국식의 손짓발짓으로 통째로 재생되는 양이 오늘날의 한국의 그것을 따를 곳이 없을 것이다. (중략) 한국은 미국의 키취음악과 그 악세사리라고 볼 수 있는 춤의 유행이나 소위 쇼라는 것을 통째로 들여온 것이다. 이 경향은 미국의 뮤지칼이 수입될 때, 거의 움직일 수 없는 하나의 인스티튜션이 되고 말 것이다."

칼럼을 쓴 필자가 한탄하는 모습이 눈에 보이는 듯하다. 이미 한국 대중음악은 미국식 음악으로 점령되었다. 미국식 쇼가 관객의 정서를 사로잡았다. 이런 경향이 확대되어 곧 뮤지컬이 공연의 전범으로 등장할 것이라는 날카로운 예언이다. 한국 대중들의 취향은 이미 거스를 수 없이 바뀌었다. 일본식 악극은 전근대의 낡고 저급한 공연물로 낙인찍혀 사라져 가고 미국식 뮤지컬이 환영받아 등장할 준비가 되었다. 뮤지컬은 우리 공연계가 완성해 내야 하는 목표 지점이 되었으며, 다른 부정적인 장르들과 구별되는 새로운 공연으로 인식되었다.

뮤지컬 공연이 아예 없던 것은 아니다. 한국의 미군들을 위한 공연에서 뮤지컬이 빠질 수 없었다. 특히 미국 대학생들이 들어와 위문공연을 하는 경우가 많았다. 1958년 델라웨어대학이 처음 방문해 〈The Tender Tap〉을 공연했다. 이후 캔자스대학 〈Brigadoon〉, 유타대학 〈Damn Yankees〉, 미네소타 맨케이토대학 〈아가씨와 건달들〉 등이 공연되었다. 이들은 일방으로 위문공연만 하지 않았고, 한국 대학생들과 합동으로 공연을 제작하기도 했다. 공연 전문가들이 관람할 수도 있었다. 훗날 실험극장을 창단한 김의경, 대학교수이자 극작가였던 이근삼 등이 이런 공연을 관람한 기록이 남아있다. 아마추어 공연이었지만, 실제 작품을 볼 수 있는 의미 있는 기회들이었다.

브로드웨이 배우들이 직접 들어와 공연을 한 일도 있었다. 1965년 10월 서울 시민회관에서 〈헬로 돌리!Hello Dolly!〉가 공연된다. 〈헬로 돌리!〉는 1964년 브로드웨이에서 초연을 올려 대히트를 한 작품이다. 그해 토니상 최우수 뮤지컬상을 포함, 열 개 부문을 석권한다. 1969년엔 진 켈리 연출, 바브라 스트라이샌드 주연의 영화로 만들어졌고, 한국에도 들어왔다. 뮤지컬 앨범은 2002년 그래미 명예의 전당에 오른 전설적인 작품이다. 1965년 서울 공연은 브로드웨이 투어 컴퍼니가 극동 아시아 순회공연 중 잠시 내한한 결과였다. 주한 미군을 대상으로 25일 하루, 한국인 대상으로 27일 하루, 총 2회 공연했다.

1965년의 〈헬로 돌리!〉는 지금 관점에서는 임시 공연 수준도 못 되는 횟수지만, 스타 캐스팅과 완성도 높은 작품성으로 큰 충격을 줬다. 주인공으로 당시 브로드웨이 인기 여배우 메리 마틴Mary Martin 이 출연했다. 무대에는 연기를 내뿜는 기차, 말로 분장한 사람 같은 볼거리와 함께 화려한 춤, 의상, 합창이 펼쳐졌다. 브로드웨이와 똑같은 수준의 무대는 아니었을 것이다. 그러나 아무리 제한적이어도 메이저 뮤지컬 세계의 제작 노하우가 그대로 드러났을 것이다. 한국의 공연 관계자들도 신선한 충격을 받았다. 1960~70년대에 뮤지컬을 만들기 위해 노력했던 선구자들의 인터뷰에 이 작품이 심심치 않게 언급되는 것을 볼 수 있다.

누가 최초냐
: 유치진 vs 전세권 ★

한국에서 뮤지컬이 만들어질 분위기가 점점 무르익고 있었다. 한국 대중들은 뮤지컬 영화에 열광하고 있었다. 미8군 무대로 숙련된 쇼 전문가들이 공연시장으로 진출하고 있었다. 그리고 이 흐름을 관심 깊게 지켜보는 연극계의 창작자들이 있었다.

대표적인 인물이 극작가이자 연출가였던 유치진이었다. 그는 일제 강점기 때부터 연극계의 대표적인 인사였다. 1950년엔 초대 국립극장장에 취임하기까지 한 인물이다. 유치진은 1956년 6월부터 1년간 유럽과 미국 현지에서 연극을 보는 연수 기회를 얻었다. 그는 브로드웨이에 가서 가볍게 볼 수 있는 뮤지컬 특히 장기 공연을 이어가는 작품들을 집중적으로 관람했다. 그리고 뮤지컬에서 연극의 미래를 발견한다. 언어를 중심으로 만들어지는 연극의 한계를 극복하고 빠른 템포로 관객에게 다가가는 특성이 현대인의 감각에 맞는다는 생각이었다. 귀국 후 유치진은 뮤지컬 제작을 기획한다. 그러나 당시 한국 연극계에는 뮤지컬 제작에 대한 인식도, 작품을 만들 수 있는 인적·물적 자원도 모두 부족했다.

1962년 4월, 유치진은 당시로서는 최신 설비를 갖춘 극장 드라마센터를 완공한다. 그리고 개관 후 4개월이 지난 1962년 8월, '뮤지컬 드라마' 혹은 '음악극'을 표방하며 〈포기와 베스〉를 무대에 올린다. 이 작품은 현재 많은 문헌에서 한국 최초의 창작뮤지컬로 거론되고 있다.

사실, 〈포기와 베스〉는 미국의 거장 조지 거슈윈이 1935년 오페라로 제작한 작품이다. 내용도 미국 흑인 공동체 속의 애환과 러브스토리가 중심이다. 이 오페라는 미국의 전통적인 정서와 음악으로 가득 차있다. 어떻게 보면, 한국의 정서로 만들기엔 어려운 작품이다. 그러나 유치진은 완전한 뮤지컬을 만들 여건이 부족한 현실의 문제를 이미 만들어진 오페라를 기반으로 타개하려 했다. 그는 오페라 대본으로 극의 틀을 짜고 원작 음악 중 아홉 곡을 삽입하는 방식으로 작품을 만든다.

당시 신문 기사를 찾아보면 작품에 참여한 사람들의 눈물겨운 현실을 볼 수 있다. 《경향신문》은 "40여 명의 연극인들이 노래와 춤 공부를 비지땀을 흘려가면서 제법 본격적으로 습득하고 있다. 연극인이 연기만 잘해서는 안 되고 노래도 춤도 잘 해야 한다는 멋있는 시련을 겪으면서…"(1962년 7월 9일)라고 적고 있다. 40여 명의 연극인이라면 당시로서는 꽤 큰 규모였다. 그러나 아무도 뮤지컬을 해본 적이 없으니 노래와 춤, 연기를 모두 할 수 있는 배우가 없었다. 안무와 노래 모두 실력자들이 붙어 가르쳤지만 한계가 있었다. 대본과 가사를 써야 하는 창작진들은 물론 무대, 의상, 조명 등을 담당하는 스태프들

1962년 〈포기와 베스〉 포스터

모두 뮤지컬에 대한 경험이 없었다. 〈포기와 베스〉는 이런 상황을 거쳐 무대에 올라간다.

8월 18일부터 9월 19일까지 공연한 〈포기와 베스〉는 홍보 물량을 쏟아부어 나름 성공을 거둔다. 그러나 제작에 들어간 엄청난 노력만큼의 완성도는 갖추지 못했다. 주인공 베스 역의 한 배우는 노래가 되지 않아 무대 뒤에서 다른 출연자가 대신 불러줘야 했다. 배우뿐 아니라 조명, 의상, 분장 등이 모두 미숙하다는 평가를 받았다.

"뮤지컬은 좀 더 노래에 중점을 둔 것이어야 한다. 오케스트라 반주까지는 생각할 수 없다 해도 녹음으로 대치했다면 더 장엄한 음악적 분위기를 거두었을 것이다. 결국 드라마센터가 보여준 이번 무대는 뮤지컬이라기보다 연극을 주로 한 세미 뮤지컬이었다. 그렇지만 이것은 욕심이고 본격 뮤지컬이 실현될 만한 여건이 아직 우리의 극계에 없

다. 다만 연기자들이 생전 처음 노래와 춤을 배워 그들의 본령인 연극 속에 이식해서 뮤지컬 같은 냄새만 풍긴 것도 대단한 일이다.”(《경향신문》, 1962년 8월 21일)

완성도와 별개로, 이 작품은 한국 최초의 창작뮤지컬일 수 있을까? 일단 〈포기와 베스〉의 원작이 거슈윈이 작곡한 오페라다. 삽입된 곡도 클래식인 오페라를 편곡해서 연주했다. 대본도 물론 원작에서 가져왔다. 정식으로 저작권을 사온 건 아니지만, 제작 형태로만 보면 현재의 라이선스 뮤지컬 그중에서 논 레플리카 형태에 가깝다. 창작뮤지컬로 부르기엔 무리가 있다.

그렇다면 극의 형식 측면에서 최초의 뮤지컬일 수 있을까? 〈포기와 베스〉는 노래를 아홉 곡으로만 제한해서 사용했다. 대부분은 연극으로 진행되고 일부 장면만 노래와 춤으로 진행되는 형식이었다. 앞서 살펴보았듯, 제대로 된 뮤지컬은 노래와 춤으로 극이 진행되고 극 중 캐릭터의 감정이 표현되어야 한다. 노래가 몇 곡 들어갔다고 뮤지컬로 보기는 어렵다. 당시 평론가 박용구도 “〈포기와 베스〉는 ‘뮤지칼’ 이전의 ‘무드’ 연극”이며 “‘뮤지칼 코메디’나 ‘뮤지칼 플레이’로 보는 경향은 쉽사리 수긍할 수 없다”고 평했다(《동아일보》, 1962년 8월 28일). 즉, 뮤지컬 또는 음악극을 전면에 내세워 만든 작품이고, 대중의 인기를 얻는 데 성공했으나 공연 장르로서 완전한 뮤지컬로 보기에는 부족함이 있다는 말이다.

또 다른 작품으로 ‘한국 최초의 창작뮤지컬 드라마’를 표방한 〈새우 잡이〉가 있다. 〈새우 잡이〉는 1965년 8월 26일 명동국립극장에서 공연되었다. 이 작품을 만든 사람은 극단 '제3극장'의 전세권이다. 가수 전인권의 형인 그는 당시 연극계의 거두였던 이해랑의 조연출로 여러 연극과 오페라에서 경력을 쌓은 인물이었다. 전세권은 〈포기와 베스〉 그리고 미국 뮤지컬단의 내한 공연을 보고 뮤지컬을 제작하기로 마음먹었다고 한다.

〈새우 잡이〉는 자유당 말기 일본으로 밀항하려는 범죄자들을 태웠다가 우여곡절을 겪고, 그들을 속여 마산항으로 데려오는 내용이다. 작품에 등장하는 넘버들도 오버추어를 포함해 열네 곡을 만들었다고 한다. 한국적 색채를 기반으로 만들어진 음악들이었다. 안무도 곡과 마찬가지로 한국적 색채를 반영한 것이었다고 한다.

전세권은 작품 제작을 위해 젊고 패기 있는 배우들을 캐스팅하고 열정적으로 연습했다. 뮤지컬이 가지는 음악적 완성도를 위해 악단과 합창단도 섭외했다. 이렇게 모인 출연진은 배우와 합창단을 포함 40여 명이었다고 한다. 이렇게 〈새우 잡이〉는 대본, 음악, 안무 등 뮤지컬이 갖춰야 할 모든 요소를 가진 작품으로 제작됐다.

그러나 이 작품은 첫 공연 객석에 전세권 본인과 극작가 전진호를 포함해 관객이 다섯 명밖에 없는 참담한 흥행 실적을 보였다. 이 상황에 놀란 오케스트라 연주자들은 돈을 떼일까 걱정이 되어 막이 오르기 전 미리 개런티를 달라고 요구했다. 당연히 그럴 돈은 없었고, 연주자들이 모두 퇴장했다. 결국 공연은 연습기간 동안 피아노를 연주했던 경희대 학생의 반주로 진행됐다. 그리고 27일 한 회 더 공연한 후 2회로 막을 내린다. 제작비 문제가 오케스트라의 퇴장을 불러오고, 작품 완성도에 직격탄을 날린 것이다. 많은 물량이 투입되는 뮤지컬을 제작할 기반과 시장이 형성되지 못한 탓이다.

물론, 흥행과 별개로 개략적인 정보를 보면 〈새우 잡이〉를 한국 최초의 뮤지컬로 평가할 만하다. 그러나 현재 이 작품의 악보가 남아있지 않다. 심지어 너무 짧게 공연을 했고, 그마저도 제대로 공연을 마치지 못했다. 이 때문에 작품에 대한 논평이나 기사도 찾기 어렵다. 이 작품에서 정확히 어떤 곡이 어떻게 연주되었고, 어떤 식으로 극에 구현되었는지 확인하기가 어려운 상황이다. 이에 따라 정황상 〈새우 잡이〉를 한국 최초의 창작뮤지컬로 추정할 수 있으나, 논란의 여지가 남게 된다.

전세권은 실패에 굴하지 않았다. 그는 특히 〈새우 잡이〉 공연 직후 내한 공연한 〈헬로 돌리!〉를 보고 큰 감명을 받았다고 한다. 그후 전세권은 그의 두 번째 창작뮤지컬 〈카니발 수첩〉을 제작한다. 절치부심한 그는 창작진과 배우도 전문성을 더 중시하여 꾸린다. 배우는 미국에서 뮤지컬 수업을 받고 온 김석강, 이로마 등을 캐스팅한다. 대본 황유철, 작곡 안길웅 등 뮤지컬의 시대가 올 것이라는 확신을 지닌 사람들과 의기투합했다. 오케스트라는 물론 당시 인기 있던 봉봉 4중창단, 합창단

〈카니발 수첩〉(1966년) 포스터(문화예술의전당)

과 무용단까지 출연시켜 본격 뮤지컬로 완성시킨다. 작품은 대학가의 축제를 배경으로 스토리가 진행된다. 당시 공연의 주 관객층이었던 젊은이들의 취향을 반영한 대본이었다. 준비 기간도 다른 작품보다 더 길게 잡았다.

다만, 규모가 커지니 제작비 압박에 시달려야 했다. 전세권은 고민 끝에 자신의 극단 '제3극장'과 이름이 비슷한 '제3화학'이라는 제약사를 찾아가 후원을 요청한다. 천만다행으로 공연에 애정이 있던 경영주가 백지수표를 건넨다. 인터뷰 자료를 보면 전세권은 떨리는 마음으로 당시로서는 거금이었던 300만 원을 썼다고 한다. 하늘의 도움 같은 이 자금으로 그는 작품을 완성할 수 있었다. 그리고 1966년 7월 22일부터 26일까지 국립극장에서 매일 3시 30분, 7시 30분 두 번씩 총 10회 공연한다.

결과는 대성공. 관객들이 몰려들어 빗속에 줄을 서서 표를 구하는 진풍경을 연출했다. 작품에 삽입된 〈애모의 노래〉는 당시 히트송이 되었다. 물론, 아직 완성도가 미숙하여 평단의 비판을 받긴 했다. 급작스러운 극의 전개, 얇은 주제 의식, 흐름이 끊기는 무대연출 등이 문제로 지적되었다.

제작 실무 관점에서 보면, 더 큰 문제가 있었다. 5일간의 짧은 공연 기간이 제작비를 회수하기엔 부족하다는 점이었다. 관객이 구름 같이 몰려도 극장의 객석 수는 정해져 있기 때문에 팔 수 있는 티켓의 양과 매출의 총액은 고정되어 있다. 따라서 공연 기간이 충분히 확보되지 않으면 투입한 제작비를 회수할 수 없다. 뮤지컬은 종합예술 작품이기 때문에 개막 전에 들어가는 제작비가 큰 편이다. 대본이나 작곡 같은 작품 개발비, 연습 비용, 무대디자인 및 제작비용 등이다. 여기에 매번 공연을 올릴 때마다 드는 비용이 추가된다. 배우 출연료, 연주료, 무대 운영비용, 대관 비용, 식대 등이 포함된다. 공연 기간이 길어야 매회 운영에 들어가는 비용을 충당하고 남은 수익으로 개막 전 들어간 비용을 상쇄할 수 있다. 뮤지컬의 제작비 문제는 당시 신문에서도 지적하고 있다.

> "뮤지칼은 화려해야 하고 흥겨워야 하며 또 종합적인 예술이기 때문에 제작비가 보통 연극의 2, 3배가 든다. (제3극장은 35만 원) 이것이 앞으로 뮤지칼을 하는 데의 큰 난점이 아닐 수 없다."(《동아일보》, 1966년 7월 28일)

다시 우리의 주제로 돌아와 보자. 〈카니발 수첩〉은 뮤지컬이었을까? 논평들을 종합해 보면 아쉬운 수준이긴 하지만, 이 작품이 명백히 뮤지컬의 형태인 것을 짐작할 수 있다.

> "이번 〈카니발 수첩〉의 성과는 우리나라 창작 '뮤지컬'의 개척자인 명예를 얻을 수는 있을 것 같다. (중략) 이번 공연의 성과에 도움한 것은 기초 없는 연기자들을 상대로 한 적절한 안무와 대중성 있는 음악인 것 같다."(《경향신문》, 1966년 8월)

"이번 제3극장은 오케스트라 합창단 무용단이 대거 동원되었고, 미국에서 이 방면에 전공하고 온 이로마, 김석강 등이 합세하여 형태로나마 뮤지칼의 모습을 갖추었다"(《동아일보》, 1966년 7월 28일)

기사 내용에서 적절한 안무와 음악이 극을 이끌어 갔다는 것을 엿볼 수 있다. 기록에 따르면 〈카니발 수첩〉은 전체 열네 개 신으로 구성되어 있고, 편곡으로 반복되는 곡을 포함하여 전체 20여 개의 넘버가 들어가 있다. 곡의 구성도 솔로, 듀엣, 합창곡 등이 다양하게 배치되어 있었다. 노래를 부르지 않는 장면에서도 스토리에 맞춰 음악을 연주했다. 춤을 출 때 배경음악도 적극적으로 연주했다. 〈카니발 수첩〉은 대본, 음악, 무용, 무대 등 다양한 요소가 극의 진행에 완전히 개입하는 형식이었다. 이런 모습은 현재 뮤지컬의 구성으로 생각해도 부족함이 없다. 즉 완성도가 조금은 떨어지지만 형식적으로는 완전한 뮤지컬 작품으로 볼 수 있다.

〈포기와 베스〉 그리고 〈새우 잡이〉, 〈카니발 수첩〉은 뮤지컬에 대한 열망을 보여줬다. 동시에 명백한 한계를 알게 했다. 유치진과 전세권은 당시 한국 연극계가 바라던 희망찬 미래를 뮤지컬을 통해 구현하고자 했다. 이들 모두 브로드웨이 뮤지컬을 보고 그 꿈을 그렸다. 그러나 아직 한국 공연계에서 뮤지컬을 만들기엔 역량이 부족하다는 것을 여실히 보여줬다.

유치진이라는 연극계의 거물이 총력을 기울여 끌어모은 인력이 만든 것이 〈포기와 베스〉였다. 그러나 이 작품은 완전한 뮤지컬로 평가하기엔 부족한 면이 있다. 이 작품의 한계를 넘어서려 오케스트라까지 동원했지만, 제작비라는 현실을 감당하지 못한 것이 〈새우 잡이〉였다. 〈카니발 수첩〉은 운 좋게 기업후원을 받아 문제를 해결했지만, 태생적으로 가진 문제를 해결했다고 보긴 어렵다. 후원이 없어진 〈카니발 수첩〉은 제작비가 없어 재공연을 하지 못했다. 경제적 측면의 경쟁력이 없었다는 의미다. 이처럼 한국에 뮤지컬이 생기려는 수많은 전조들이 보였지만, 아직 자생적인 힘으로는 완전한 작품을 만들 수는 없었다.

김종필과
〈살짜기 옵서예〉

가수 패티 김이 부르는 〈살짜기 옵서예〉를 아시는지? "살짜기~ 살짜기~ 살짜기 옵서예~~"라는 후렴구로 유명한 이 노래는 한국 최초의 현대적 뮤지컬로 알려진 〈살짜기 옵서예〉(1966년)에 나오는 넘버다. 〈살짜기 옵서예〉는 정부의 지원을 받는 공영 극단 '예그린 악단'이 만든 창작뮤지컬이었다. 이 작품은 고전소설 《배비장전》을 원작으로 한 내용으로서 1966년 10월 26일부터 29일까지 7회에 걸쳐 서울시민회관에서 공연되었다.

앞서 살펴보았듯, 한국 공연계에는 뮤지컬 전문 배우가 거의 없었다. 뮤지컬에는 노래와 연기, 춤을 모두 할 수 있는 배우가 필요하다. 음악을 연주해 줄 오케스트라도 있어야 한다. 엄청난 인적 네트워크와 자금력이 요구된다. 민간 극단을 운영하던 유치진과 전세권은 이 문제를 해결하는 데 어려움을 겪었다.

〈살짜기 옵서예〉는 달랐다. 예그린 악단은 정권의 전폭적인 지원을 받았다. 북한의 가극단에 맞설 국가대표 공연을 만드는 중차대한 임무를 맡았기 때문이다. 엄혹한 남북한 체제 경쟁 시기였다. 예그린 악단은 정책적 지원으로 당시 유명한 대중 인기가수, 예능인, 연기자, 무용가 등 각 분야의 전문가들을 출연시켜 작품을 완성할 수 있었다.

주인공 애랑 역에 당시 최고 가수였던 패티 김이 출연했다. 인기 많은 코미디언 '후라이 보이' 곽규석이 남자 주인공을 맡았다. 유명 탤런트 김성원도 특별출연 했다. 주요 배역에 성악을 전공한 가수들이 캐스팅되었다. 창작진들 또한 당대 가장 뛰어난 인사들로 구성되었다. 민간 극단에서는 상상할 수 없는 제작 방식이었다. 지금 우리가 상상할 수 있는 K팝 가수, 최고의 배우들이 한꺼번에 무대에 올라온다고 상상해 보라. 그것이 가능할 일인가?

이렇게 〈살짜기 옵서예〉는 당시로서는 큰 액수였던 300만 원의 제작비와 300여 명의 출연 인원이라는 기록적인 규모로 만들어졌다. 흥행도 7회 공연에 1만 6천 명이 관람하여 큰 성공을 거두었다. 나중엔 암표가 성행할 정도였다. 안타까운 점은 이런 인기를 얻었음에도 공연을 연장할 수 없었다는 사실이다. 서울시민회관에 10월 31일 방한하는 존슨 미국 대통령의 기념 연설이 예정되어 있었기 때문이다.

〈살짜기 옵서예〉는 초연 이후에도 꾸준히 공연되어 사랑을 받았다. 타이틀곡 〈살짜기 옵서예〉는 음반으로 발매되어 인기를 얻었다.

〈살짜기 옵서예〉 공연 장면

〈살짜기 옵서예〉 앨범 앞뒷면

주연이었던 패티 김은 일약 스타가 된다. 그녀의 이름을 딴 〈패티 김 쇼〉가 TBC 방송 프로그램으로 제작되기까지 한다.

이런 맥락에서 많은 문헌에 논란의 여지가 없는 최초의 창작뮤지컬로 〈살짜기 옵서예〉를 꼽는다. 완성도, 인지도, 형식적 측면을 모두 만족시켰기 때문이다. 그러나 〈살짜기 옵서예〉의 제작 과정은 앞에 살펴본 작품들과 달랐다. 가장 큰 차이는 전폭적인 국가의 지원이 있었다는 사실이다. 1961년, 5·16 군사 정변의 주역이었던 김종필은 한국의 전통을 살린 현대적 무대예술을 만들겠다는 이념으로 예그린 악단을 창설한다. 단장인 박용구는 모든 권한을 받아 음악, 무용, 관현악단 등을 포함해 150명 규모의 극단을 만든다.

극단은 '한국 전통 예술의 현대화'를 지향했다. 〈살짜기 옵서예〉에 이 모토를 대입해 보면, 전통 예술이란 키워드는 전래소설로, 현대화라는 키워드는 대중문화의 선진국 미국을 상징하는 뮤지컬로 치환된다. 사실 미국에서 뮤지컬은 대중을 위한 즐길 거리다. '예술'의 요소들을 가지고 있긴 하지만 '엔터테인먼트'의 성격으로 받아들여진다. 뮤지컬은 예술적 완성도도 중요하지만, 대중의 취향에 맞추는 비즈니스 성격이 더 강하다. 그런데 한국에서 정책적으로 전통 예술이 본받아 나아가야 할 전범으로 뮤지컬을 꼽은 것이다. 당시 한국에서 뮤지컬이 어떤 대우를 받았는지 잘 알 수 있는 대목이다. 이에 따라 풍자와 해학, 토착 정서가 짙은 《배비장전》을 기반으로 뮤지컬을 만들어 낸다. 〈살짜기 옵서예〉의 성공은 한국적 뮤지컬의 성공 가능성, 장기간의 공연이 가능한 관객의 발견, 진정한 뮤지컬 작품의 완성 등 기념비적인 의미를 가진다.

그러나 〈살짜기 옵서예〉는 정책적 지원으로 완성된 작품 즉 일종의 국책사업이었다. 이 때문에 자생적인 뮤지컬 제작환경과는 거리가 있었다. 〈살짜기 옵서예〉는 정권의 힘을 배경으로 넉넉한 기업 후원금을 받을 수 있었다. 자금력이 생긴 예그린 악단은 정규직 지위에 파격적인 월급을 주며 단원을 모집했다고 한다. 예술 활동을 안정적으로 할 수 있는 장점 탓에 당대 엘리트들이 모여들었다. 대학생이 귀하던 그 시절, 대부분의 단원이 대졸자들로 채워졌다고 한다.

당시 민간 극단들이 〈살짜기 옵서예〉 수준의 배우를 캐스팅하고 창작 스태프를 구성하는 것은 불가능했다. 뮤지컬을 제대로 이해하는 제작진과 배우들도 없던 데다, 데려다 쓸 인력 자체가 절대적으로 부족했다. 또, 영세한 극단들은 제작비를 들일 여력이 없었다. 뮤지컬에 대한 인식이 낮아 외부 투자자를 구하는 것 또한 매우 어려웠다. 뮤지컬은 철저히 대중문화의 논리에서 탄생된 장르다. 그렇기 때문에 대중의 인기를 기반으로 비용을 투자하고 회수할 수 있는 시장이 조성되지 않으면 작품에 참가한 모든 사람들이 배를 굶게 된다.

〈살짜기 옵서예〉가 한국에 독자적인 창작뮤지컬을 보여줬다는 선언적인 의미를 가질 수는 있다. 그러나 정책의 도움이 없는 자리에는 돈이 모이지도, 인력이 모이지도 않았다. 〈살짜기 옵서예〉는 한국에 자생적 뮤지컬 제작 환경을 만들어 내진 못했다. 제대로 된 한국의 뮤지컬 시장은 그 이후로도 30여 년이 지난 다음에서야 형성되기 시작한다.

왜 〈캣츠〉가 아닌 〈오페라의 유령〉이었나?

윤복희와
어린이날

텔레비전이 절대적인 영향력을 가지고 있던 시절엔 뮤지컬 공연도 방송을 타는 일이 꽤 많았다. 시청자들에게 TV로 보는 뮤지컬 공연은 특별한 경험이었다. 그나마 인프라를 조금 갖춘 서울 말고 실제 뮤지컬을 보는 일은 하늘의 별 따기 같은 일이었기 때문이다. TV에서 방영한 〈피터 팬〉, 〈파랑새〉 같은 뮤지컬도 서울의 대극장에서 짧게는 1주, 길어야 2주 잠깐 하는 작품들이었다. 이러니, 뮤지컬의 매력을 간접적으로나마 즐길 수 있는 방법으로 녹화 방송이 중요한 역할을 할 수밖에 없었다.

재미있는 사실은, 인기 있는 대형 뮤지컬 방송이 주로 어린이날에 편성되었다는 것이다. 춤추고 노래를 부르는 신나는 공연 형태를 가지고, 어린이들에게 꿈과 희망을 심어주는 내용이었으니 더할 나위가 없었다. 흐린 기억을 더듬어 보면 TV에서 본 피티 팬의 모습이 기억난다. 초록색 옷에 하늘을 날며 노래를 부르는 장면이 희미하게 떠오른다. 무대 위에서 벌어지는 평면적인 연출만 기대하다가 하늘을 나는 아이들을 보는 것은 신선한 충격이었다.

양대 방송사였던 KBS와 MBC가 모두 뮤지컬 공연을 방송했다. 그래도 더 대중적이고 인기 있는 작품들을 보여주는 곳은 MBC였다. 기록을 찾아보면, 〈피터 팬〉(1982년), 〈올리버〉(1983년), 〈파랑새〉(1985년), 〈마술피리〉(1986년) 등이 모두 어린이날 MBC에서 방송되었다. 이 작품들은 모두 윤복희가 주연을 맡았다. 윤복희는 아직 뮤지컬 불모지나 다름없던 한국에서 거의 유일하게 대중의 인지도를 가지고 있는 뮤지컬 배우였다.

그녀는 아홉 살 때 이미 미8군 쇼 무대에 섰던 신동이었다. 미국에 진출해서 활동했고, 한국에 돌아와서 미니스커트 열풍을 일으킨 장본인이다. 1977년 최대 히트작인 〈빠담빠담빠담〉도 그녀의 주도로 제작됐다. 제대로 된 극장도, 완성도가 보장된 작품도 거의 없던 시절이었다. 이런 시대였어도 누구나 아는 윤복희라는 스타는 시청자들의 관심을 끌기 충분했다. 당연히도 텔레비전으로 방송된 뮤지컬은 큰 인기를 끌었다. 특히 〈피터팬〉은 1979년 초연 이후 1990년대까지 꾸준히 공연되었다. 수록된 노래들이 LP 레코드와 카세트테이프로 만들어져 인기를 끌었다.

요즘 뮤지컬 시장을 아는 독자들이라면 조금 이상한 점을 발견했을 것이다. 어린이날 뮤지컬을 본다? 가장 유명한 뮤지컬 배우가 어

린이용 작품 주인공이다? 지금
상황과 달라도 너무 다른 모습
이다. 현재 시점으로 상상해 보
자. 누구나 들어서 알만한 조승
우, 김준수, 박효신, 홍광호, 옥
주현 같은 배우들이 〈피터 팬〉
을 한다? 설사 하더라도, 지금
뮤지컬 관객의 대다수를 차지

뮤지컬 〈피터 팬〉(1979년) 앨범 앞면

하는 20~30대 여성들이 그것을 보러 갈 것인가? 그것도 1~2주밖에
안 한다면 티켓은 또 어떻게 구할 수 있단 말인가? 현재 우리가 아는
뮤지컬 시장과는 완전히 다르다. 대체, 뮤지컬 제작이 처음 시도되
던 1960년대 이후 무슨 일이 벌어지고 있던 걸까?

〈포기와 베스〉, 〈카니발 수첩〉, 〈살짜기 옵서예〉 등으로 시작된
뮤지컬 제작 열풍은 점점 커지고 있었다. 이 세 작품 외에도 창작뮤
지컬들이 작은 규모로나마 꾸준히 시도되었다. 한국의 전통 분위기
를 담은 〈대춘향전〉(1968년) 같은 뮤지컬은 계속 제작됐다. 제작자들
이 창작 작품만 시도한 것도 아니었다. 잠시 뒤 살펴보겠지만, 뮤지
컬의 본가, 브로드웨이 작품을 모방한 것들도 나타나기 시작했다.

그렇지만 아직 제대로 된 수준의 작품을 만들 수 있는 상태는 아니
었다. 초기 뮤지컬 제작 당시 보였던 문제점들은 해결되지 않았다.
뮤지컬 작법에 맞는 대본, 작곡, 연출을 완전히 이해하고 있는 창작
진이 없었다. 연기, 노래, 춤이 모두 되는 배우는 많지 않았다. 뮤지

컬을 제대로 공연할 시스템을 갖춘 전용 극장은 아예 없었다. 뮤지컬을 대하는 관객의 인식도 낮았다. 찾는 관객층이 제대로 형성되지 않으니 일정한 매출을 기대할 수 없었다. 패기만으로 작품을 만들고 손실이 나지 않게 운영할 수는 없는 법이다. 그래도, 그 열의가 끊이지 않았기 때문에 뮤지컬은 여러 방식으로 계속 제작되었다.

작품을 유통하는 방식도 달랐다. 요즘 뮤지컬 작품들이 가장 치열하게 경쟁하는 시즌은 연말이다. 크리스마스를 끼고 연말을 기념하는 자리로 뮤지컬 관람을 택하는 경우가 많다. 연인끼리 혹은 공연을 좋아하는 친구들과 의미 있는 경험을 하려는 의도다. 그리고 고급한 문화 체험이라는 이미지를 가지고 있다. 티켓 가격 또한 비싸게 책정되어 있다. 연말 외에 공연이 집중되는 시즌은 여름 휴가철 정도다. 뮤지컬의 핵심 관객층인 젊은 여성들이 여가를 의미 있게 보내기 위해 지출을 하는 시기다. 이 때문에 겨울이 되면 서울 시내 거의 모든 대극장에서 가장 경쟁력 있는 뮤지컬 작품들을 공연한다.

하지만, 1970년대 말~90년대에는 달랐다. 연말 공연도 많았지만, 어린이날이 들어있는 5월에 뮤지컬 작품들이 집중적으로 경쟁했다. 당시엔 뮤지컬이 '가족이 함께 보는 공연'이라는 이미지가 강했다. 지금은 마이너한 장르로 여겨지는 '어린이 뮤지컬'이 그때는 메이저였다.

이렇게 된 데에는 해태제과의 후원이 큰 역할을 했다. 해태제과는 〈해태명작극장〉이라는 프로그램을 기획했다. 어린이 고객을 위한 공연에 작품당 500만 원을 지원하기로 결정한다. 어린이가 먹는 과자를 만드는 회사에게 이만큼 좋은 브랜드 홍보는 없었을 것이다. 당시 공연판에서 500만 원 정도의 제작비를 구할 곳은 흔치 않았다. 〈해태명작극장〉은 첫 작품부터 노래가 들어가 있는 음악극 〈보물섬〉을 후원했다. 이후 두 번째 작품인 〈백설 공주〉부터는 뮤지컬로 제작되었다. 〈해태명작극장〉은 이후로도 어린이 공연들을 제작 지원했고, 고품질 대작이라는 이미지를 얻었다. 그리고 어린이날이 되면 세종문화회관 같은 당대 최고 극장에 이 뮤지컬 작품이 올랐다.

〈해태명작극장〉에는 MBC가 참여해서 미디어를 통한 인지도도 올렸다. 해태제과에서 공연 지원사업을 중단한 이후에도 MBC가 재원을 모으고 마케팅을 도와주는 역할을 하며 명맥을 이어갔다. 지상파의 도움을 받아 어린이 뮤지컬이 메이저 공연물로 계속 제작되었다.

백화점에 극장이 들어서고 쇼핑과 공연 관람을 함께하는 문화도 있었다. 당시 자료들을 찾아보면 꽤 많은 뮤지컬이 백화점 극장에서 공연되었다는 사실을 알 수 있다. 당연히도 대부분의 작품은 가족이 함께 볼 수 있는 성격이었다. 백화점을 간 김에 가족이 뮤지컬을 봤을 것이다. 혹은 아이들은 공연을 관람하고, 어른들은 쇼핑을 했을 수도 있다. 이런 이유로 대형 백화점 극장에서 어린이 뮤지컬을 공연하는 일이 많았다.

다만, 어린이들을 대상으로 하는 뮤지컬엔 한계가 있었다. 아이들이 이해하고 즐거워할 수 있는 주제와 노래는 일정 수준으로 정해져 있다. 스릴러, 러브스토리, 살인사건 추리물 등 지금 우리가 즐겨 보는 작품들을 다룰 수는 없었을 것이다. 노래나 춤도 귀엽고 발랄하게 연출해야 했을 것이다. 대사 처리 또한 아이들에게 말하듯 해야 했을 것이다.

지금과의 차이점은 더 있다. 아직 뮤지컬 시장이 제대로 만들어지기 전이었다. 완벽하게 시설을 갖춘 극장이 거의 없었다. 음향이나 무대를 창작자의 상상대로 구현할 수 없었다. 작품을 제작할 때 기술적인 한계를 반영해서 만들 수밖에 없었다. 제작 기간도 한정되었다. 공연을 길게 해도 2주를 넘기기 어려웠다. 그 이상 운영을 감당할 수 있는 배우나 스태프, 극장이 없었기 때문이다. 그 정도 기간 동안 공연을 봐줄 관객도 없었다. 그리고, 대중들은 뮤지컬이 연극의 한 종류라고 생각했다. 뮤지컬 전문 제작사가 없었을 때다. 뮤지컬은 연극 극단들이 가지고 있는 여러 레퍼토리 중 하나라는 인식이 일반적이었다.

지금은 대극장 뮤지컬의 경우 막대한 투자를 한 만큼 100회 공연을 기본으로 생각한다. 뮤지컬을 연극의 일종으로 생각하는 사람도 드물다. 뮤지컬은 그냥 뮤지컬일 뿐이다. 이렇게 1990년대까지의 제작, 소비, 인식 방법과 지금의 상황은 완전히 달라져 있다. 이 모든 것은 2001년 이후 생긴 변화다. 그리고 이 변화는 그해 공연한 〈오페라의 유령〉의 충격이 낳은 것이다. 한국 뮤지컬 시장에서 〈오페라의 유령〉 초연이 가지는 중요성은 수백 번 반복해도 모자라지 않다.

앞서 얘기했듯 세계 뮤지컬 역사를 'BC^{Before Cats}(〈캣츠〉 이전) and AD^{Andrew Dominant}(앤드루 이후)'로 나눌 만큼 〈캣츠〉의 영향력은 절대적이다. 〈캣츠〉가 창작되어 수출되기 전, 세계의 뮤지컬 시장은 지금과 매우 달랐다는 의미다. 〈캣츠〉 이전, 뮤지컬은 미국 고유의 공연물 정도로 생각되었다. 하지만 이 작품은 브로드웨이를 되살렸을 뿐 아니라 다른 나라에 뮤지컬 시장이 형성되도록 세계적 충격을 줬다. 독일이 그랬고, 일본도 그랬다. 1983년 일본에 수출된 이 작품은 공연시장의 판도를 뒤집는다. 뮤지컬 시장이 새로 만들어지고 대규모 공연이 가능해졌다. 1986년 독일에서 〈캣츠〉가 초연된 함부르크는 '음악의 수도'로 자리 잡는다. 이후 독일은 미국과 영국에 이어 세 번째로 큰 음악시장으로 성장한다. 클래식 중심지였던 오스트리아 빈도 〈캣츠〉의 영향을 받았다. 지금 우리가 한국에서 보는 빈 제작 뮤지컬들의 역사는 모두 이 작품의 영향 아래 있다고 해도 과언이 아니다.

〈캣츠〉 같은 영국의 메가 뮤지컬은 대규모의 자원이 투입된다. 배우와 창작진 같은 인적 자원이 충분히 있어야 하고, 큰 극장, 긴 공연 기간이 확보되어야 한다. 이런 기반이 없으면 제대로 된 작품을 만들 수 없다. 엄청난 제작비가 들어가는 만큼, 그것을 회수할 만한 시장도 필요하다.

독일이나 일본에는 뮤지컬에 대한 잠재적인 시장이 존재했다. 클래식 전통이 강한 독일은 음악 공연을 소비하는 관객들이 많이 있었다. 일본에는 극단 시키四季나 다카라즈카 가극단宝塚歌劇団의 작품 같은 대중 공연과 그것을 보는 관객이 있었다. 메가 뮤지컬을 만들 수 있는 인프라와 그것을 소비할 잠재 관객이 있었다는 뜻이다. 거기에 〈캣츠〉가 들어가 핵폭탄급 충격을 날린다. 그리고 시장이 완전히 바뀐다. 공연시장이 확대되고 뮤지컬을 중심으로 다양한 콘텐츠가 공급된다. 이것이 일반적인 과정이었다.

한국도 그와 비슷한 과정을 겪었다. 한국이 가지고 있던 시장 잠재력이 있으니 메가 뮤지컬을 들여와 성공을 했을 것이다. 그러나 그 결정적 한방이 〈캣츠〉가 아닌 〈오페라의 유령〉이었다. 왜 그랬을까? 한국에 〈캣츠〉가 안 들어온 것도 아니다. 1980년대 중반 〈캣츠〉 열풍은 대중 공연계의 세계적 현상이었다. 〈캣츠〉의 세계적인 마케팅이 한참 힘을 얻던 1980년대에 우리나라엔 아무런 영향이 없었던 것일까? 왜 우리나라는 〈캣츠〉가 아니라 〈오페라의 유령〉이 시작점이었을까?

해적판
뮤지컬의 유행

한국은 브로드웨이 뮤지컬을 늘 동경해 왔다. 그렇기 때문에 현지의 인기작을 가져와 무대에 올리려는 움직임이 꾸준히 있어왔다. 어떻게 보면 유치진이 중심이 된 드라마센터의 〈포기와 베스〉가 최초 사례다. 심지어 1965년에는 〈헬로 돌리!Hello Dolly!〉의 투어 공연도 있었다. 〈헬로 돌리!〉는 현지의 인기작 브로드웨이 프로덕션이 내한 공연하여 충격을 준 첫 투어 작품 사례가 되었다.

이런 열망은 브로드웨이 뮤지컬을 그대로 들여오는 형태로 발현되었다. 한국의 초기 창작뮤지컬이 제작되던 1960년대부터 뉴욕에서 공연 중인 뮤지컬을 번안해 들여오는 작품이 생겼다. 대표적인 곳이 김의경이 운영하는 극단 '실험극장'이었다.

김의경은 1967년 뉴욕에 가서 〈맨 오브 라만차Man of La Mancha〉를

보고 온다. 1964년 초연되어 1965년 토니상을 휩쓴 이 작품은 지금
도 인기를 얻고 있는 걸작이다. 큰 감명을 받은 김의경은 그해 바로
〈동키호테〉라는 제목으로 이 공연을 올린다. 두 달이라는 짧은 연습
기간을 거쳐 10월 18일부터 23일까지 6일간 명동국립극장에서 공연
한다. 오케스트라 없이 무대 뒤에서 피아노 반주로 극을 진행했다.
원작에 비해 작은 규모에 충분한 연습은 없었지만, 캐스팅은 화려했
다. 돈키호테에 라영세, 산초 피세영, 알돈자 김난영, 마부 두목 조
영남 등 당시 알만한 배우들이 출연했다.

〈동키호테〉의 흥행은 성공적이었다. 당시로서는 엄청난 관람객
숫자인 4,700여 명이 공연을 봤다. 인기와 함께 공연계에 다양한 화
제를 만들어 낸다. 특히 이 작품은 브로드웨이 원작을 새롭게 해석하
면서 당시로서는 획기적인 시각 효과를 보여줬다. 극작가이자 연출
가였던 박만규는 훗날 이 〈동키호테〉 공연을 이렇게 회고하고 있다.

"이때 눈길을 끈 것은 최연호의 장치였다. 대쪽 같은 성격에 회갑이
지나서도 무대와 더불어 독보적인 길을 가고 있는 최연호는 명동국립
극장 무대에 경사지게 철판을 깐 후 철망을 씌워 시각적으로뿐만 아
니라, 그 위를 밟고 다니는 연기자들의 발자국 소리까지 청각적인 특
수효과를 노렸다.
더구나 선라이트가 생산되어 나올 무렵이라서 무대 후면을 선라이트
로 스크린처럼 막아 등장인물의 그림자로 감옥과 감옥 밖에의 회상
장면을 되살린 것이 당시로서는 획기적인 시도였다.

조영남이 부른 마부들의 노래가 일품이었으며 성우로서도 두드러진 재능을 발휘했던 피세영은 긴 칼을 십자가처럼 만들어 들고 있으면서 나름대로 소품을 이용한 독자적인 연기를 창출했다."(《스포츠조선》, 1991년 3월 7일)

〈동키호테〉는 이런 파격적인 연출로 한국연극영화상 미술상을 받는다. 물론 배우의 부족한 가창력, 피아노뿐이었던 반주, 복잡한 무대 운영의 미숙함 등 아직은 전문적으로 뮤지컬 공연을 하기엔 부족한 면이 있었다. 그러나 이런 미숙함에도 큰 인기를 끌었다. 대중들에게 호소할 매력이 충분했다는 의미다. 그 영향이었는지 작품이 동아연극상 출품 공연작으로 선정되어 한 번 더 무대에 올릴 기회도 얻는다. 〈동키호테〉는 브로드웨이, 조금 더 넓혀 영미권 뮤지컬의 번안 공연이 한국 관객들에게 소구력이 있다는 것을 입증한 첫 사례가 되었다.

브로드웨이에서 성공한 영미권 뮤지컬들은 1980년대 들어 빈번하게 제작된다. 극단 현대극장은 앤드루 로이드 웨버 원작인 〈지저스 크라이스트 수퍼스타Jesus Christ Super Star〉를 개작한 〈수퍼스타 예수 그리스도〉(1980년)를 시작으로 〈사운드 오브 뮤직〉(1981년), 〈에비타〉(1981년), 〈레미제라블〉(1988년), 〈요셉 어메이징 테크니컬러 드림코트〉(1993년) 등을 공연했다. 한 번 성공한 작품은 초연 이후 꾸준히 제작되어 무대에 올려졌다.

'민중·대중·광장' 세 극단 합작으로 만든 〈아가씨와 건달들Guys

and Dolls〉(1983년)은 엄청난 성공을 거둬 뮤지컬 대중화에 크게 기여했다. 이들의 합작은 브로드웨이 규모의 작품을 제대로 만들기 위해 부족한 제작 인력을 늘리려는 목적이었다. 이 시도는 성공적이었다. 작품의 질이 높아졌고, 그만큼 관객의 호응도 높아졌다. 뮤지컬이 한국에서 대중성을 확보할 수 있다는 것을 보여준 기념비적인 작품이었다.

물론, 이 시기에 브로드웨이나 웨스트엔드 원작 뮤지컬만 공연된 것은 아니다. 다양한 창작뮤지컬들이 꾸준히 시도되긴 했다. 인구에 회자되는 작품도 있었다. 프랑스 샹송 가수 에디트 피아프의 삶을 재조명한 1977년 작 〈빠담빠담빠담〉은 큰 인기를 얻었다. 이 작품은 5일간 8회 공연에 1만 2,300명(초대 1,200명)의 관객을 모았다. 초연 제작비로 850만 원이라는 거금을 들여 300만 원 이상 흑자를 냈다. 예술성을 중시하는 동인제 연극이 중심이던 시절, 연극을 상업적으로 변질시켰다는 혹평을 받기도 했다. 그럼에도 엄청난 인기에 이후 꾸준히 리메이크된다.

그러나 이 작품을 본격적인 뮤지컬이 아니라 상업성을 위해 과감히 규모를 키운 연극 정도로 받아들이는 사람이 많았다. 신문에도 대부분 〈빠담빠담빠담〉을 '연극'이라고 불렀다. 일부 지면에서만 '샹송 뮤지컬', '뮤지컬 연극' 등으로 지칭했다. 애초에 뮤지컬이란 정체성을 전면에 내세우지 않은 작품이었다는 의미다. 인기 작품이 이런 수준이었으니, 다른 창작뮤지컬들도 제대로 대접받기는 어려웠다. 꾸준히 다양한 시도들이 있었지만 큰 반향을 일으킨 작품은 많지 않았다. 대신 브로드웨이 원작이라는 간판을 단 공연들이 뮤지컬의 대다수를 차지했다. 그만큼 뮤지컬은 '해외의 것이 원작'이라는 의식이 깔려있었던 것이다.

하지만 이런 브로드웨이 원작의 작품들이 가진 태생적인 한계가 명확했다. 무엇보다 모두 저작권 계약 없이 인기에 편승해서 만든 해적판이었다는 사실이다. 브로드웨이 이미지를 팔아 더 쉽게 돈을 벌 수 있는 방법이었다. 저작권 계약이 없으니 매출의 일부를 로열티로 지급할 필요도 없었다.

더 큰 문제는 완성도에 있었다. 요즘 저작권 계약을 맺고 만드는 '라이선스 뮤지컬'들은 완성도를 엄격하게 통제받으며 제작된다. 뮤지컬은 세계적인 콘텐츠 상품이기 때문에, 일정한 품질 관리가 필요하다. 이 때문에 대사만 한국어로 바꾸고 현지 작품과 완전히 똑같이 만드는 '레플리카 뮤지컬'의 경우 현지 제작사 인력들이 직접 한국에 와서 연출 동선과 대사 호흡까지 관여한다. 대사와 노래의 큰 틀만 유지하고 변형을 하는 '논 레플리카' 작품도 마찬가지다. 어느 경우든 완성도가 확보되지 않으면 원작 이미지에 타격을 준다. 원작자 입장에서 원작의 평판을 갉아먹는 제작사와 일을 진행할 이유가 없다.

그러나 해적판 뮤지컬은 이런 제한이 없었다. 당시에도 해적판 뮤지컬들은 상업성 논란과 졸속 공연이라는 비판을 받았다. 그럼에도 인기가 있는 작품들은 공연진을 바꿔가며 재공연했다. 같은 작품을 다른 극단에서 동시에 올려 경쟁하기까지 했다.

뮤지컬은 태생적으로 많은 인적·물적 자원을 필요로 한다. 그러나 당시 한국 공연계는 아직 그 모든 것을 감당할 만한 공연단체가 없었다. 큰 규모의 극단이 거의 없었고, 대부분 동인제로 운영되고 있었다. 동인제 운영은 소속된 모든 단원이 극단의 모든 권리와 의무를 함께하는 것을 말한다. 쉽게 얘기하면 소품을 만들다 배우로 무대에도 서고, 조명을 만지다가 매표를 하러 가기도 한다는 말이다. 물론, 대본이나 디자인 등 전문 영역을 가진 창작자들도 존재했다. 그러나 대부분의 경우 엄격하게 자신의 영역을 가지는 것이 아니라 모든 단원들이 연극의 완성도에 책임을 가지고 개입하는 형태였다. 민주적인 체제이지만 분야별로 전문성을 가지기 힘들고, 그만큼 대규모 공연을 하기 어렵다.

브로드웨이에 올라가는 대규모 공연을 이런 영세한 극단이 만들어 올리니 그 완성도가 어떠했을까. 우리가 지금 보는 뮤지컬은 무대 전문가, 분장 전문가, 조명 전문가가 만든 결과물이다. 관객들은 전문가들이 모여 만든 작품을 보고도 완성도의 높고 낮음을 느낀다. 1980년대 작품은 어땠을까. 배우가 스스로 한 분장으로, 누가 디자인한 줄 모르는 의상을 입고, 연습이 덜 된 노래와 춤을 보여주는 뮤지컬을 상상해 보라. 그것이 당시 뮤지컬의 수준이었을 것이다.

다행히, 이런 문제를 해결하려는 움직임이 나타났다. 1989년 최초로 뮤지컬 전용 극장을 표방한 롯데월드 예술극장이 출범한다. 잠실 롯데월드 지하, 410석 규모였다. 극장뿐 아니라 뮤지컬 극단도 만든다. 극단은 작품의 완성도를 높이기 위해 해외 시스템을 일부 수용하기로 한다. 뮤지컬 전문화를 시도한 것이다. 이를 위해 브로드웨이 연출가를 초빙했다. 현지 노하우에 따라 배우들을 훈련시키고, 오디션을 실시했다. 미국 뮤지컬 배우들도 초청되었다. 이렇게 8개월의 준비 끝에 개관작 〈신비의 거울 속으로〉를 올렸다. 이 작품은 〈오클라호마!〉, 〈웨스트사이드 스토리〉 등 브로드웨이 고전 인기작의 하이라이트들을 모아 공연하는 형태였다. 본토 수준의 공연을 보여주려는 노력은 호평을 받았다. 그러나 롯데월드 예술극장은 아쉽게도 1993년 폐쇄하며 성공 사례로 정착하지는 못한다.

1990년대에 들어서며 동인제 제작 방식을 지양하는 프로듀서 체제가 도입된다. 뮤지컬 제작자가 각 분야의 전문가들을 모아서 작품을 만드는 방식을 말한다. 비용이 더 들긴 하지만, 큰 규모의 작품을 만들기에는 이런 프로듀서 시스템이 더 적절했다. 커진 제작비를 충당하기 위해 외부 자본을 적극적으로 유치하기 시작한다. 동시에 작품의 홍보를 위해 언론사나 방송사를 공동 주최사로 영입한다. 매스 미디어가 엄청난 영향력을 가지고 있던 시기였기 때문에, 매체를 통해 작품을 노출하는 것이 필수였다. 언론사는 광고비를 받거나 그 비용만큼 투자 지분을 받는 형태로 참여했다. 이런 변화로 뮤지컬은 점점 대형화되어 갔고, 매체의 노출이 빈번해져 대중의 인식도 높아졌다.

이런 분위기 속에서 뮤지컬 〈캐츠〉가 공연된다. 이 작품은 뮤지컬 전문 극단 '대중'이 영국 원작 〈캣츠〉를 번역하여 만든 것이다. 제작 기간 1년 4개월, 제작비 5억 5천만 원의 대형 기획이었다. 《세계일보》가 후원해서 제작비와 홍보의 부담을 덜 수 있었다. 1990년 10월

13일부터 22일까지 문화체육관에 작품을 올렸다. 작품의 완성도를 위해 모든 스태프들이 뉴욕과 일본의 공연을 관람했다고 한다. 무대의 천장이 갈라지며 해적선이 내려오는 장면 같은 특수효과도 원작과 동일하게 구현했다. 전 세계의 화제작이지만 아직 한국 공연계에서는 구현하지 못할 것이라는 걱정을 불식시켰다며 의욕적으로 홍보했다.

안타깝게도 이 〈캐츠〉도 저작권을 확보하지 못한 해적판이었다. 1990년대 들어서도 1980년대의 흐름이 완전히 바뀌지는 않았다. 아직도 적절한 저작권 협의 없이 만들어진 뮤지컬들이 유행하는 것이 현실이었다.

1996년, 이런 해적판 뮤지컬들에 청천벽력이 떨어진다. 우리나라가 세계무역기구WTO에 가입함에 따라 '문학 및 예술적 저작물 보호에 관한 베른협약'에도 의무 가입했기 때문이다. 법적 효력의 발효는 4년의 유예기간을 거친 2000년 1월 1일이 시점이었다. 이제 공연계에서 저작권을 심각하게 고려해야 하는 상황이 되었다. 당연히도 저작권 계약에 따라 공연권을 확보한 뮤지컬들이 들어오기 시작했다.

제일 먼저 막을 연 것은 삼성영상사업단이었다. 1995년 삼성그룹의 콘텐츠 사업 부서를 묶어 발족한 종합 엔터테인먼트 회사였다. 복합 콘텐츠 기업을 지향했던 삼성은 이미 90년대 초 나이세스NICES라는 브랜드로 공연시장에 진출했다. 나이세스는 1994년 〈캣츠〉 내한 공연을 성사시키고 2주 만에 3만 6천 명의 관객을 동원하기도 했다. 이후 상성영상사업단이 만들어졌고 1996년 〈애니〉를 초청 공연하면서 뮤지컬 사업에 진출한다.

삼성영상사업단은 〈42번가〉의 공연권을 들여와 한국 최초로 제대로 된 저작권을 가진 라이선스 뮤지컬을 제작한다. 당시 삼성은 원작 로열티를 포함 거금 20억 원 이상의 제작비를 들였다고 한다. 그리고 제작을 위해 미국 제작사 트로이카Troika Organization와 합작했다. 연출, 음악, 무대, 분장 등 열네 명의 현지 스태프가 들어와 노하우를 전수했다. 필요 이상의 거금을 들인다는 문화계의 비판이 있었지만, 경험이 부족한 한국 공연계가 제대로 된 해외의 기술을 익힐 수 있는 첫 계기가 되었다. 그리고 1996년 5월 21일부터 6월 30일까지 호암아트홀에서 공연한다. 〈42번가〉는 완성도 측면에서도 호평을 받았고, 전국에서 7만 명의 관객을 모아 흥행에도 성공했다.

삼성영상사업단은 이후 브로드웨이 원작 〈웨스트사이드 스토리〉(1997년), 창작 음악극 〈눈물의 여왕〉(1998년)을 제작하는 등 공연계에 큰 영향을 준다. 그러나 아쉽게도 이 모든 흐름은 IMF라는 큰 파도를 넘지 못한다. 흥행에 성공했어도 아직 대규모 장기 공연이 가능하지 않은 시장이었다. 영상사업단은 매년 수백억 원의 적자를 기록하고 있었다고 한다. IMF가 터지자 환율이 천정부지로 뛰어서 해외 판권 확보나 초청 내한 공연은 엄두도 내지 못하게 되었다. 시장도 급격히 얼어붙어 공연을 보러 가는 사람이 줄어들었다. 결국 삼성그룹 차원의 구조조정이 실시되어 1999년 1월 해체 수순을 밟는다. 삼성을 따라 문화영역에 투자를 진행하던 대기업들도 함께 물러났다. 조금씩 성장하던 뮤지컬 시장은 급속도로 얼어붙었다.

캐머런
매킨토시의 분노

★

1990년 공연된 〈캐츠〉는 원작자의 분노를 샀다. 해적판 〈캐츠〉는 한국에서 내로라하는 회사들의 후원을 받아 대대적인 홍보를 한 덕에 공연은 순조로웠다. 서울 공연을 마친 후 일주일도 되지 않은 10월 26일부터 29일까지 부산 공연도 성황리에 마칠 수 있었다. 문제는 그 직후 벌어졌다. 11월 초 제작사였던 '극단 대중' 사무실에 팩시밀리를 통해 두 장의 서한이 들어왔다. 아시아 독점 공연권을 가지고 있는 일본 극단 '시키四季'가 보낸 항의 문서였다.

시키는 〈캣츠〉의 저작권사인 영국 RUG^{Really Useful Group}의 아시아 태평양지부 RUC^{Really Useful Company}와 계약을 맺고 아시아태평양 지역의 공연권을 가지고 있었다. 당시 시키는 공연 수익의 20% 정도를 로열티로 지불하고 있던 중이었다. 그런데 한국에서 원작을 모방한 〈캐츠〉를 올린 데다가 공연 팸플릿에 시키의 공연 사진을 무단으로 사용하기까지 한 것이다. 시키는 영국 RUG에서도 문의가 쇄도하고 있으니 그에 대한 해명서를 보내달라고 요청했다.

여기서 끝나지 않았다. 11월 중순이 되자 원작 제작자인 캐머런 매킨토시가 주한 영국 상무관으로 서한을 보냈다. 해적판 〈캐츠〉의 공연을 즉각 중단해 달라는 요청이었다. 12월에는 〈캣츠〉의 음반 발매 저작권을 가지고 있는 음반사가 국내 레코드사인 예음에 〈캐츠〉의 공연 내용과 극단 연락처를 문의해 왔다.

극단 대중은 변명할 말이 없었다. 공연 포스터와 각종 홍보자료에 영국, 미국, 일본의 자료사진을 사용한 것이 맞고, 미리 양해를 구하지도 계약 제의를 하지도 않았음을 인정했다. 그러고도 1991년 1월에 세종문화회관에서 다시 공연을 올릴 계획을 가지고 있었다. 당시 공연계에서는 재공연할 때 원작자들이 방한하여 강력하게 항의를 할 것이라는 소문이 돌았다.

RUG나 관계자들이 항의를 위해 한국에 오는 일은 없었다. 당시 한국은 베른협약에 가입하기 전이어서 아직은 저작권에 대한 법적 책임을 묻기 어려운 시장이었다. 영세한 공연계에 제재가 들어온다 해도 공연을 중단시키는 것 외에 더 이상의 조치를 취하기도 어려웠을 것이다.

그러나 RUG는 이 문제를 쉽게 잊지 않았다. RUG는 〈캣츠〉는 물론 〈오페라의 유령〉의 저작권도 가지고 있는 회사다. 한국의 작은 극단에서 소소하게 카피 공연을 할 때는 그 사실이 알려지지도 않았고, 크게 관심을 가지지도 않았었다. 그러나 한국 뮤지컬 공연의 규모가 점점 커져 원작에 가까워지고 있었다. 그런데 홍보자료에 원작의 사진을 가져다 써도, 작품의 완성도가 떨어져도 제어할 수 있는 방법이 없었다. 결국 RUG는 한국의 해적판 공연에 대해 깊은 문제의식을 가지게 되었다.

한국이 베른협약에 가입하고 나자 즉각 법적인 제재가 시작되었다. RUG는 〈캣츠〉의 해적판 공연을 제작한 극단 대중, 열 기획을 상대로 공연 금지 가처분 및 손해 배상 소송을 제기했다. 법원은 원작자의 손을 들어줬다. 공연이 중지된 것은 물론 수익금이 몰수되었다. 그 이전 시기까지는 상상도 못 할 일이었다. 국내 뮤지컬 제작자들이 해당 제작사를 위로하기 위해 자금을 모아 주는 해프닝이 벌어지기도 했다.

동시에 RUG는 한국 시장의 가능성을 주목하기 시작했다. 원래 이들은 한국이 아직 열악하여 메가 뮤지컬을 소화하기에 여러 현실이 맞지 않는다고 판단하고 있었다. 그러나 저작권 문제가 불거지자 한국 시장을 다시 들여다보게 된다. 해적판이긴 하지만 다양한 뮤지컬이 꾸준히 공연되고 있다는 사실을 파악한 것이다. 한국 시장의 통계가 정확히 집계되지는 않으나 일정 수준 이상의 티켓이 판매되고 있다는 증거였다.

RUC는 호주대사관과 영국대사관을 통해 한국에서 공연했던 〈캣츠〉의 누적 관람객을 조사해 달라고 요청한다. 조사 결과 여러 극단에서 공연한 〈캣츠〉의 누적 관람객이 약 30만여 명으로 추산된다는 사실이 밝혀졌다. RUC와 RUG는 예상보다 큰 숫자에 놀랐다. 잠재적 시장이 있다는 확실한 근거가 나온 것이다. 제작사는 한국 시장에서 수익을 낼 수 있겠다는 계산이 섰다. 그리고 제대로 된 라이선스 작품을 선보여서 저작권 문제를 돌파하기로 한다. 그래서 당시 〈캣츠〉보다 더 인기 있고 세계 제작자들의 러브콜을 받던 〈오페라의 유령〉을 들고 한국 시장에 본격적으로 진출한다.

〈오페라의 유령〉과
한국 뮤지컬 시장의 탄생

뮤지컬 〈오페라의 유령〉 포스터
(에스앤코 제공)

2001년, 〈오페라의 유령〉 초연은 한국 시장을 완전히 뒤집어 놓는다. 당시로서는 상상도 할 수 없었던 150억 원이라는 제작비, 7개월 244회라는 장기 공연 등 전례 없던 규모였다. 유료 관객 24만 명, 매출 192억 원, 추정 수익 20억 원에 달하는 엄청난 흥행까지 모든 것이 충격이었다. 아무도 예측하지 못한 규모의 대성공이었다.

제작 기록을 살펴보면 〈오페라의 유령〉은 상상을 초월한 모험을 건, 불굴의 의지로 만들어 낸 작품이다. 당시 한국 여건을 고려하면 제대로 된 메가 뮤지컬을, 그것도 한국 배우를 캐스팅해 제작한다는 것은 거의 불가능한 일이었다. 아무도 100억이 넘는 규모의 작품을 만들어 본 경험이 없었다. 그만큼의 제작 인력도, 배우 풀도 없었다. 이 때문에 해외 스태프들이 들어와 노하우를 전수해 가며 만들어야 했다. 그들은 무대, 조명은 물론 소품, 의상까지 원작의 품질에 가깝게 하기 위한 노력을 기울였다.

이 작품은 19세기 말 파리를 배경으로 한다. 그때 유행하던 헤어 스타일과 의상 등을 철저히 고증해서 무대에 재현했다. 의상, 소품, 가발 등이 당시 한국에서 만들 수 있는 수준이 아니었다. 그 양도 엄청나서 한 회 공연에 필요한 의상이 200여 벌에 달한다. 제작사는 이 모든 것을 직접 공수해 왔다. 실제 필요한 양의 다섯 배에 달하는 1천여 벌의 의상과 각종 소품이었다. 여기에는 실제 관객들에게 잘 보이지 않는 속옷, 스타킹, 양말까지 포함되어 있었다. 공연을 하는 도중 의상이 망가지거나 낡았을 때를 대비해 수선할 원단까지 준비해서 들여왔다. 이 모든 것과 함께 배우가 편안히 착용할 수 있도록 해줄 전문 인력도 들어왔다.

당시 한국에서는 상상도 할 수 없는 일들이었다. 그 정도 규모에 저만큼의 품질을 관리하는 노하우를 가진 사람은 없었다. 좀 더 생각해 보면, 이런 노하우를 가진 곳은 브로드웨이 현지에도 많지 않은 수준이었다. 아직 제대로 된 뮤지컬을 만들어 본 적 없는 한국 스태프들이 받았을 충격은 짐작하고도 남는다. 아울러, 저런 과정을 함께 겪으며 제작진들이 배웠을 노하우가 얼마나 많았을지도 상상이 된다.

사실 가장 큰 문제는 극장이었다. 1995년 삼성영상사업단과 쌍방울그룹 자회사인 EX가 〈오페라의 유령〉의 공연권 확보를 시도했던 적이 있었다. 그때 계약을 할 수 없었던 가장 큰 걸림돌은 무대의 크기였다. 예술의 전당과 세종문화회관을 제외하고는 사이즈가 맞지 않았다. 그러나 그 두 극장은 공공극장이었기 때문에 제작사에서 원하는 만큼 공연 기간을 확보할 수 없었다. 결국 당시 오픈한 지 얼마 되지 않았던, 그래서 더 적극적인 입장이었던 LG아트센터(現 GS아트센터)를 공연장으로 정한다.

그러나 문제가 다 해결된 것은 아니었다. 〈오페라의 유령〉의 무대 기술 감독(테크니컬 디렉터)이 실사를 한 후 극장의 구조적인 문제를 제기했다. 이 작품은 지금 봐도 눈이 돌아갈 만큼 다양한 무대장치들이 작동된다. 그런데, LG아트센터의 무대는 그것을 구현할 수 없다는 것이었다. 제대로 운영하기 위해서는 한쪽 벽면을 헐고 구조 공사를 해야 한다는 판단이었다. 개관한 지 2년도 되지 않은 극장을 뜯어고쳐야 한다는 말이었다. 결국 제작사의 요구를 맞추기 위해 LG아트센터 극장장이 LG그룹 회장단까지 설득해야 했다. 그리고 막대한 돈을 들여 구조를 바꾸는 공사를 감행한다.

인력을 충원하는 것도 문제였다. 배우 인프라가 부족해 9차에 걸친 오디션을 치러야 했다. 원작 제작자들이 직접 작품의 기준에 맞는 배우들을 골랐다. 오디션은 매우 엄격했다. 당시 한국 뮤지컬계의 스타였던 남경주, 현재 원탑 배우 중 한 명인 조승우 등이 참가했으나 모두 불합격될 정도였다. 현장에서 무대를 만들고 운영할 스태프들도 문제였다. 엄청난 제작비가 들어가는 만큼 긴 공연 기간 동안 작업을 해야 했다. 그런 경험이 없던 공연계 사람들은 참여하기를 꺼렸다. 오랜 설득과 훈련으로 준비를 마칠 수 있었다.

〈오페라의 유령〉은 이처럼 상상할 수 없이 많은 난관을 이겨내고 작품을 올렸다. 인프라가 없던 한국 시장에서 도박에 가까운 투자를 하고 엄청난 성공을 거둔 것이다. 지금 우리가 알고 있는 뮤지컬 시장은 그때의 충격으로 시작되었다. 〈오페라의 유령〉은 한국에 잠재된 유료 관객 규모가 엄청나다는 사실을 증명했다. 이 작품 이후 뮤지컬에 사람이 모이고, 돈이 모이고, 제작자가 늘어나 시장이 형성되었다. 그렇게 이어진 화려한 성장의 결과물은 지금 우리가 보고 겪고 있다.

많은 연구 자료, 뮤지컬 서적과 신문 기사에서 한국의 뮤지컬 시장이 2001년 〈오페라의 유령〉을 계기로 형성되었다는 사실을 되짚고 있다. 〈오페라의 유령〉 초연 이전, 제대로 된 뮤지컬은 브로드웨이나 웨스트엔드에 여행을 가서 보고 오는 특별한 경험이었다. 국내 실정과는 거리가 있는 장르로 여겨졌었다. 그러나 엄청난 상업적 가능성이 증명된 이후 공연계에는 일대 변혁이 나타났다. 대형 뮤지컬의 장기 공연이 속속들이 진행됐다. 대기업, 기관투자자 등 대규모 외부 자본들이 뮤지컬 시장에 적극적으로 참여하기 시작했다. 뮤지컬을 공연할 수 있는 극장들이 차례로 개관했다.

전체 시장 규모도 급속히 늘어났다. 예술경영지원센터가 조사한 2014년 기준 국내 뮤지컬 총 규모 추정치는 3,259억 원이었다. 이것은 2010년 매출액 1,618억 원에서 두 배 가까운 95.5% 성장한 수치다. 4년간 매해 평균 19.1%의 높은 성장세를 이룩했다는 의미다. 2011년 인터파크티켓 매출액 규모에서 뮤지컬은 그때까지 부동의 1위를 지켜왔던 콘서트를 제치고 한국 공연시장 최강자에 등극한다. 예술경영지원센터 통계에 따르면 2024년에는 더 성장해서 4,651억 원 수준의 시장으로 발전했다.

2001년 〈오페라의 유령〉 티켓은 가장 높은 등급인 R석이 10만 원 그다음 S석이 6만 원이었다. VIP 라운지, 주차 서비스, 프로그램 북 제공 등을 포함한 VIP 티켓은 15만 원이었다. 당시 한국 공연계에서 대형 뮤지컬 티켓 가격이 R석 기준 5만 원 정도였다는 것을 생각하면 매우 비싼 가격이었다. 그러나 제대로 된 해외 대작 공연이라는 점을 인정받아 표가 없어서 못 파는 지경이 되었다.

〈오페라의 유령〉 성공 이후 대극장 뮤지컬들은 이 전례에 따라 가격이 책정되기 시작했다. 가격이 오르자 뮤지컬은 어린이날 온 가족이 보는 공연 장르에서 특별한 날을 기념해서 보는 고급 콘텐츠로 이미지가 바뀌었다. 〈오페라의 유령〉 초연 당시 4인 가족이 R석으로 공연을 본다고 하면 티켓 가격만 40만 원이 되는 셈이다. 당시 소득 수준을 생각해 보면 일부 부유층을 제외하고는 쉽게 쓰기 힘든 액수였다. 이 작품 이후 뮤지컬은 고가의 비용을 지불해야 관람할 수 있는 장르로 자리를 잡아 지금에 이르고 있다.

한국 뮤지컬 시장을 폭발시킨 작품이 전통의 브로드웨이 작품이 아닌 영국의 메가 뮤지컬이라는 사실은 매우 의미심장하다. 한국의 관객들은 미국의 대중문화로 정서를 만들었다. 지금도 뮤지컬 하면 브로드웨이를 떠올린다. 워낙 대표적인 시장이기도 하지만 뮤지컬이 미국 문화가 만들어 낸 공연물이라고 생각하기 때문이다. 하지만, 한국에서 핵폭탄급 충격을 준 것은 미국식 정서에 쇼 무대가 강한 브로드웨이 정통 뮤지컬이 아니었다. 오히려 화려한 무대에 세계 정서를 지향하는 영국의 메가 뮤지컬이 주인공이었다.

〈오페라의 유령〉의 성공 이후 많은 작품들이 수입되어 무대에 올려졌다. 특히 2000년대 초반에는 미국 브로드웨이와 영국 웨스트엔드의 작품들이 집중적으로 소개되었다. 그러나 지금까지 인기가 있고 꾸준히 공연되는 작품들은 대부분 웨스트엔드의 메가 뮤지컬들이다. 〈오페라의 유령〉, 〈레미제라블〉, 〈캣츠〉, 〈맘마미아〉, 〈빌리 엘리어트〉, 〈마틸다〉 등 우리가 기억하는 대작들 대부분이 영국 작품이다. 그렇지 않으면 〈라이언 킹〉처럼 그보다 더 큰 규모의 디즈니 작품들이 살아남아 있다. 그런데도 많은 사람들이 〈오페라의 유령〉 같은 영국 작품을 '전통 브로드웨이 뮤지컬'로 인식하고, 미국 뮤지컬을 관람한다고 생각한다. 즉 실제로 선호하는 것은 영국이나 디즈니 작품인데 '전통적인 브로드웨이 뮤지컬은 재미있다'고 생각하는 경우가 많다. 이것은 향후 한국 뮤지컬의 소비 경향에서 꾸준히 발견되는 특징이 된다.

06

악극은
왜 뮤지컬이
아닌가?

악극을
아시는가

　'**악극**' 하면 무엇이 떠오르시는지? 왠지 무대에서 흘러간 가요가 신파조로 흘러나올 것 같다. 어렵게 살던 시절의 풍경이 세트로 지어져 있을 것만 같다. 한복이나 복고풍 양복을 입은 배우들이 연기를 할 것 같다. 무대 마지막엔 모두 끌어안고 울며 같이 노래할 것만 같다. 작품을 보는 관객들도 모두 나이 지긋하신 분들일 것 같다. 이것이 보통 사람들이 가지고 있는 악극에 대한 이미지다.

　사실 대부분의 악극은 저런 틀에서 크게 벗어나지 않는다. 〈불효자는 웁니다〉, 〈홍도야 울지 마라〉, 〈봄날은 간다〉처럼 꾸준히 인기를 끄는 작품의 제목은 모두 동명의 가요에서 따온 것이다. 제목을 듣는 순간 자동으로 노래가 떠오른다. 나도 모르게 그 가락을 흥얼거리는 사람도 있을 것이다. 극의 제목에서 느껴지듯, 내용도 과거의 회한이 진하게 묻어있는 것들이다. 그 정서를 제대로 표현하자면 신파조의 음악만큼 잘 들어맞는 것이 없다. '쿵짝쿵짝' 하는 익숙한 리듬에 색소폰 반주가 흐른다. 짙은 감정이 실린 노래가 배우의 연기와 함께 무대에 펼쳐진다. 이 감성을 온전히 느낄 수 있는 관객은 당연히도 그런 시절을 살았던 연령층이 된다.

자, 잠시 심호흡을 하고 생각을 바꿔보자. '악극'이라는 단어를 머리에서 지우고, 신파조의 작품 감성도 잠시 잊어보자. 그리고 무대가 어떻게 구성되고 흘러가는지 짚어보자. 앞서 뮤지컬의 특성을 살펴보았다. 세 가지 핵심 키워드로 정리했었다. 첫째, 뮤지컬은 다양한 예술 장르가 어우러지는 종합예술이다. 둘째, 순수예술과 다른 대중예술이다. 셋째, 노래로 스토리를 진행시키고 감정과 상황을 더 적극적으로 표현할 수 있는 형식이다. 우리는 이 기준으로 오페라가 왜 뮤지컬이 아닌지, 노래 한두 곡 부르는 연극이 왜 뮤지컬이 될 수 없는지 생각해 봤었다.

그렇다면, 같은 기준으로 악극을 보면 어떤가? 미술 요소인 무대, 문학 요소인 대본, 음악 요소인 노래 등 다양한 예술 요소가 어우러진다. 그 감성이 예스럽고 세련되지 않을 수는 있으나 다양한 예술 요소가 없으면 악극이 성립되지 않는다. 또, 악극은 너무도 당연히 상업적 대중성을 지향한다. 예술성을 중시하는 리얼리즘 연극계에서는 늘 이 상업성이 짙다는 이유로 악극을 비판해 왔다. 악극에서 노래는 스토리를 진행시키는 핵심 요소가 된다. 아예 작품의 주제가 노래에서 나온 것들이 많은데, 극의 진행과 감정의 표현에서 노래가 없으면 큰일이 난다. 관객들도 모두 그런 노래와 스토리를 보기 위해 악극을 관람한다. 이렇게, 지금까지 이 책에서 견지한 기준에 따르면 악극은 뮤지컬이다. 그런데, 사람들에게 '악극도 뮤지컬이다'라고 하면 일단 저항감을 가질 것이다. 왜 그럴까?

리하르트 바그너

우리가 말하고 있는 뮤지컬의 영어식 표현은 'musical theatre'이다. 말 그대로 풀면 '음악극音樂劇'이 된다. 음악 연출로 풀어내는 연극이라는 뜻이다. 괜히 중국에서 뮤지컬을 '音乐剧(音樂劇의 중국어 간체)'으로 부르는 것이 아니다. 이 말을 조금 더 줄이면 '악극樂劇'이라고 부를 수도 있을 것이다.

사실 한국에서 악극이란 단어는 두 가지 다른 의미로 쓰이고 있다. 클래식 애호가들에게 악극은 바그너가 완성시킨 뮤직드라마 Musikdrama의 의미로 쓰인다. 바그너의 악극은 더 순수한 예술성을 지닌 오페라를 말한다. 성악이나 춤 위주의 오페라를 지양하고 관현악을 중심으로 한 음악적 표현을 더 중시한다. 음악성을 더 강조한다는 의미다. 이전의 오페라는 아리아나 중창을 중심으로 해서 성악가의 역량과 스타성에 기대는 경향이 있었다. 또 춤이나 무대장치같이 음악과 거리가 있는 시각적 요소들에 치중하기도 했다.

바그너의 악극은 더 순수한 음악적 체험을 제공한다. 연주가 노래를 받쳐주는 역할을 넘어서 대규모 오케스트라로 확대되어 더 웅장하고 복합적인 음악을 들려준다. 또, 대본과 서사의 주제도 더 깊은 예술성을 지향했다. 극에 진행되는 사상적 흐름이 더 심오한 것을 지니길 바랐다. 철학적·역사적 가치를 가진 주제를 문학성 있는 대본으로 만든다. 그리고 그것을 음악과 밀접하게 연관 지어 작품을 작곡했다. 말 그대로 순수예술이 가지는 깊은 가치를 모두 담으려는 것이 바그너의 악극이다.

반대로, 악극은 〈불효자는 웁니다〉로 이미지가 대표되는 대중 음악극을 의미하기도 한다. 다시 말해 옛날 정서를 담은 노래들이 나오는 처연한 신파극 형태의 장르를 말한다. 한국에서는 순수예술로서 음악의 정점에 있는 장르와 그 반대쪽 끝에서 서민의 정서를 가감 없이 보여주는 공연이 같은 이름으로 불린다. 참 아이러니한 모습이다.

한국에서 더 특이한 것은 악극이 상업극의 정점인 뮤지컬과도 거리가 있는 것으로 받아들여진다는 사실이다. 방금 뮤지컬을 구분하는 큰 기준 세 가지를 짚어봤다. 여기에 브로드웨이에서 정립된 북 뮤지컬의 성격을 얹어 뮤지컬을 정의해 보면 이 정도가 될 것이다. '대본을 기반으로 다양한 예술 장르가 결합되어 서사가 펼쳐지는 대중 음악극'. 이 정의에 비춰봤을 때 악극처럼 딱 들어맞는 공연이 드물다. 대본이 있고, 무대가 있고, 연기하는 배우가 있고, 서사를 진행시키는 노래가 있다. 브로드웨이나 웨스트엔드에서 온 관람객이 우리 식의 선입견 없이 악극을 본다고 상상해 보자. 그들은 악극을 이곳 특유의 정서를 담은 매우 한국적인 형태의 뮤지컬이라고 생각하지 않을까?

악극은 지나간 유행가를 부르는 연극 정도라고 비판할 수도 있다. 극을 위한 작곡이 적고 기존 대중가요를 더 많이 사용하기 때문에 뮤지컬과의 수평 비교는 어렵다고 생각할 수도 있다. 그러나 유명한 노래들을 이용한 주크박스 뮤지컬이 이미 인기 장르로 자리 잡아있다. 같은 기준으로 생각하면, 개념으로도 형식으로도 뮤지컬이다. 그럼에도 한국에서 악극은 뮤지컬로 인정되지 않는다.

사실 이런 지적 자체가 독자들에게 생소할 것이다. 악극은 악극이고 뮤지컬은 다른 장르 아닌가? 티켓 예매사이트에서도 악극은 뮤지컬이 아닌 연극 범주에 들어가 있다. 두 장르 간의 교류도 당연히 찾기 힘들다. 하지만, 지금까지 이 책을 읽은 독자들이라면 좀 더 냉정하게 생각하고 의문을 던져볼 수 있을 것이다. 개념상 뮤지컬로 볼 수 있는 악극은 왜 다른 장르로 분류되는 것일까?

악극이 한국 뮤지컬 역사의 한 부분으로 들어갈 수 있는지는 아직 나의 연구가 깊지 못해 뭐라 단언하긴 어렵다. 하지만 '노년층을 위한 신파조의 공연'이라는 선입견을 거두고 악극의 성립과 소멸의 역사를 살펴보면 의외로 브로드웨이 뮤지컬의 역사와 겹치는 부분이 많다. 그렇지만, 한국에선 고급 장르 대우받는 뮤지컬과 달리 B급 장르가 되어있다. 왜 그런지는 악극이 한국 사회에서 겪어온 과정을 보면 이해할 수 있게 될 것이다. 그리고 지금 우리가 가진 악극의 이미지를 정확히 알게 되면 현재 한국의 뮤지컬이 가지는 사회적·문화적 함의도 더 깊이 알 수 있게 될 것이다.

New Wave, 신파극의 충격

우리 공연 문화를 거슬러 올라가면 한없이 과거로 들어갈 수 있을 것이다. 조선시대 정도만 봐도 남사당패, 탈춤, 판소리, 가야금 병창까지 음악을 기본으로 하는 다양한 공연물이 있었다. 그러나 이런 전통 연희에서 뮤지컬이나 악극의 기원을 찾기는 어렵다. 음악을 좋아하고 노래를 즐기는 우리 민족의 정서가 아주 오래전부터 있어왔다는 것을 알 수 있는 정도랄까.

사실 지금 우리가 즐기는 공연 문화는 서구에서 들어온 틀에 기대어 있다. 그리고 그 시작점에 극장의 등장이 있다. 극장은 안타깝지만 일본 문화의 영향으로 시작되었고, 한국의 공연 양식을 완전히 변화시킨다. 일본을 통해 서구식 문화를 접하기 전, 한국에는 실내 극장이라는 개념이 없었다. 어디든 너른 땅에서 공연을 펼치면 그것이

협률사

궁내부 소속 협률사 단원들(1904년)

극장이었다. 무대와 객석의 구분도 없었다. 야외에서 공연을 해야 하니 어두운 밤에는 극장이 없는 것이나 마찬가지였다. 지금 우리가 공연을 보는 문화와는 완전히 반대 모습이다. 무대와 객석을 갖춘 실내에 외부 환경과 분리되어 공연을 위한 시스템을 갖춘 것이 극장이다. 지금은 공연 관람도 낮보다는 밤에 보는 것이 더 일반적이다.

한국 최초의 극장은 협률사協律社다. 고종이 즉위한 지 40주년을 맞은 1902년 여름, 기념행사를 하기 위해 지은 서구식 극장이다. 당시 최고 번화가인 종로 한복판, 지금의 새문안교회 인근에 있었다. 한국에 있는 외교관이나 외국인을 초청하는 자리였다. 조선이 근대화되었다는 것을 보여주고 싶었을 것이다. 근대화가 서구화와 동의어였던 시대였으니 당연히도 내외부 구조를 서구식으로 했다. 외관은 고대 로마식 원형극장을 본떴다. 건물을 벽돌로 둥글게 짓고 지붕을 얹었다. 무대를 전면에 세우고, 하얀 천을 둘러 배경을 삼았다. 객석은 그것을 마주 보고 삼단으로 만들었다. 2층 500석 규모였다. 휘장으로 객석과 무대를 분리했고, 공연자들을 위한 준비실이 따로 있었다. 맨 처음 공연된 작품은 〈소춘대유희笑春臺遊戱〉였다. 명창의 판소리, 기녀들의 춤과 노래, 재인才人들의 곡예 등 한국의 전통 연희들을 연결한 공연이었다. 극장은 서구식이었지만, 공연한 내용은 전통적인 것들이었다.

그러나 전통 연희를 중심으로 하는 극장 공연은 그리 오래가지 않는다. 새로운 플랫폼인 극장에는 그에 맞는 공연물이 따로 있었다. 1908년 협률사를 수리해 개관한 원각사圓覺社에서 최초의 근대 연극인 〈은세계〉가 공연되었다. 극장이 서구의 것이니, 먼저 서양식 연극들이 들어오기 시작한 것이다. 이런 흐름은 크게 대중성을 중시하는 '신파극新派劇'과 예술성을 지향하는 '신극新劇'의 두 가지로 나타났다. 신극 운동은 서구의 리얼리즘 연극을 한국의 정서로 토착화하려

했다. 그러나 신극보다 더 먼저 자리 잡은 것은 일반 대중이 쉽게 받아들일 수 있는 신파극이었다.

20세기 초 일본에서는 신파극이 유행하고 있었다. 일본의 전통 연희인 가부키를 구파극舊派劇이라고 보고 이에 대비되는 단어로 쓰였다. 서민들의 애환과 현실을 주제로 하며 관객들이 쉽게 공감할 수 있는 연출을 지향했다. '신파'라는 단어는 지금이야 감정이 과잉되는 극 연출을 비하하는 말로 쓰이지만, 당시는 달랐다. '신파'라는 말은 新派, 즉 새로운 흐름이란 뜻이다. 영어식으로 표현하면 New Wave가 된다. 전통 공연에서 볼 수 없었던 서구 공연물의 충격을 표현한 개념이다.

이전의 전통 공연에 익숙하던 한국 관객들에게 극장과 신파극은 너무도 신선한 문화 체험이었다. TV에 막장 드라마가 등장했을 때의 충격에 비할 수 없을 정도였을 것이다. TV를 흑백으로만 보던 시절에 등장한 컬러 TV의 충격, 피처폰 시절에 나타난 스마트폰의 혁명과 비슷한 수준이었을 것이다. 즉, 콘텐츠를 소비할 수 있는 유일한 플랫폼이 완전히 변하고 그에 최적화된 대중적인 상품이 나타났다는 뜻이다.

"김중배의 다이아 반지가 그렇게도 탐이 났단 말이냐!"라는 〈이수일과 심순애〉의 대사를 떠올려 보자. 절제된 감정으로 노래를 부르는 판소리, 표정으로 연기할 수 없는 탈놀이와 완전히 다르다. 신파극은 대사는 물론 표정이나 움직임에서도 절절한 감정을 읽을 수 있었다. 이수일의 바짓가랑이를 붙들고 처절히 우는 심순애의 무대를 떠올리면 된다. 그 내용도 현실에서 만날법한 상황에 치정이나 로맨스처럼 자극적인 것을 섞어놓았다. 관람 환경도 예전처럼 집중이 어려운 개방된 공간이 아니었다. 극장은 보는 사람의 시점이 한 방향으로 정해진 무대다. 관객은 과거와 달리 온전히 자신의 감정에 몰입할 수 있었다. 이렇게 인간의 감정을 적극적으로 무대에 올린 신파극은 관객들의 정서를 바꾸는 지경에 이르렀다.

단성사(ⓒ서울역사아카이브)

우미관(ⓒ서울역사아카이브)

이런 인기 때문에 연흥사(1907년), 단성사(1907년), 장안사(1908년), 우미관(1912년) 등의 극장들이 인사동 인근에 문을 연다. 특히 연흥사는 신파극 전문 극장으로 큰 인기를 얻었다. 한국 최초 신파극단인 혁신단의 인기작 〈육혈포 강도〉(1912년 초연)도 연흥사에서 공연되었다. 이 작품은 일본 신파극 〈피스톨 강도 시미즈 사다키치ピストル強盜淸水定吉〉를 번안한 것으로 엄청난 흥행을 기록했다. 2001년 해외 원작 〈오페라의 유령〉이 한국 뮤지컬 시장에 충격을 준 것과 비슷하다. "사동 연흥사에서 흥행하는 혁신단 연극은 날이 갈수록 밤마다 인산인해를 이룬다… 친목회의 경비를 보조할 목적으로 장차

연주회를 할 예정”(1912년 4월 2일 《매일신보》) 같은 기사를 통해 당시 상황을 짐작할 수 있다.

신파극은 대중의 인기를 끌어모으기 위해 다양한 레퍼토리를 시도한다. 흥행을 우선시했기 때문에 다른 경쟁 공연과 차별성을 가져야 했다. 일본 작품의 개작, 한국 창작극 등 다양한 연극을 보여줬다. 그리고 지금으로 치면 버라이어티 쇼와 연극

소설 《산천초목》 표지에 등장하는
연흥사 모습

을 결합시킨 것들도 나타났다. 음악이나 춤, 서커스 등 다양한 장르의 흥행 요소를 도입했다.

이런 시도들 중 인기를 얻어 자리를 잡은 대표적인 형식이 악극이다. 당시 악극은 연극의 틀에서 음악적 측면이 많이 강조되는 것을 말했다. 현재의 관점에서는 오페라의 변형이나 뮤지컬 등도 포함하는 광범위한 개념이었다. 악극은 1920년대에 초기 작품이 공연되기 시작해서 1930년대 이후 중요한 흐름이 된다. 작품의 완성도나 예술적 가치를 차치하고 대중들에게 가장 많은 사랑을 받았고 공연예술의 주류가 되었다. 한국 공연 역사에서 악극은 매우 중요한 위치를 가지는 셈이다.

해외 유학파와
악극의 유행　★

악극은 한국에 들어온 서양식 문화가 대중문화로 성장하는 과정에서 시작된다. 대중문화가 생기면 당연히도 대중에게 사랑받는 유행가가 등장한다. 1910년대에 이미 전성기를 누리고 있던 신파극단에서 이런 흐름을 간과할 리 없었다. 제작자들은 극의 내용에 유행하는 노래들을 넣기 시작했다. 처음에는 노래 한두 곡을 무대에서 부르거나 막간극으로 삽입하는 수준이었다. 그러다 노래를 더 적극적으로 넣은 공연으로 진화한다. 이런 공연들을 '악극樂劇'이나 '가극歌劇'이라고 불렀다.

　새로운 것을 찾는 극단들은 다양한 볼거리를 보여주기 위해 짧은 길이의 극을 엮어 보여줬다. 아직 관객들이 긴 호흡의 공연을 볼 수 있는 여건이 안 되었다. 집중할 수 있을 정도의 짧은 레퍼토리를 여리 개 하는 것이 더 경쟁력 있었다. 극단마다 보여줄 수 있는 콘텐츠가 부족한 한계도 극복할 수 있었다. 희극喜劇-비극悲劇-희가극喜歌劇 등 자신들이 가진 레퍼토리들을 엮어 한꺼번에 공연했다. 이 중 희가극이 악극의 전초 단계가 되었다. 희가극은 브로드웨이의 레뷰와 비슷한 것으로 노래, 춤, 코미디가 등장하는 형식이었다. 브로드웨이에서 토착 공연물이 뮤지컬로 발전할 때 다양한 장르들이 섞이며 규모가 커지는 현상과 매우 유사하다. 한국에서도 대중 공연이 발생할 때 비슷한 과정을 겪었다.

희가극은 노래를 좋아하는 한국인의 정서에 딱 맞았다. 특정한 노래가 인기를 얻으면 하나의 악극으로 확장시키기도 했다. 신파극단 취성좌는 단성사 공연 막간에 소속 배우 이애리수에게 〈황성옛터〉를 부르게 했다. 이 노래는 관객의 심금을 울리며 엄청난 히트곡이 된다. 나중엔 사람이 너무 모여들어 공연을 예정보다 30분 일찍 시작하기까지 했다. 극장에 들어가지 못한 사람들이 밖에 진을 치고 기다리기도 했다. 노래 공연이 본편 연극보다 더 인기를 끌자 취성좌는 이 막간 여흥을 본격적으로 확대한다. 이렇게 만들어진 것이 1928년 최초의 가극 〈극락조〉였다. 연애극에 노래와 춤을 곁들인 이 작품은 엄청난 흥행몰이를 했다.

이처럼 신파극 레퍼토리의 한 부분이었던 악극은 인기가 점점 커져 독립된 장르로 자리 잡는다. 특히 1930년대에 악극을 전면에 내세운 극단이 나타나며 그 위상을 더욱 확고히 한다. 삼천가극단三川歌劇團, 배구자악극단裴龜子樂劇團, 조선악극단朝鮮樂劇團 등이 대표적이다.

삼천가극단은 일본에서 무용, 연기, 음악 등을 배운 권금성이 귀국해 만들었다. 1929년 12월 남녀 배우 20명과 악사 20명 등으로 '금성오페라단'을 구성한 데서 시작한다. 이렇게 다양한 예술가들을 모아 극단을 만드는 것은 이전에 없던 시도였다. 권금성은 일본 유학 시절 '소녀 가극단'에서 남장 여배우를 맡았던 경력이 있었다. 일본 대중극의 현장을 직접 경험하고 돌아온 것이다. 지금으로 치면 브로드웨이 무대에 오른 후 귀국한 셈이다. 당시 대중이 좋아할 만한 비극, 무용, 가사歌詞, 악극 등을 혼합해서 무대에 올렸다. 다양한 장르를 통한 쇼를 준비하며 역량을 길렀고, 인기를 얻었다. 그리고 1930년 6월 극단의 이름을 '삼천가극단'으로 변경하고 본격적인 악극을 공연하기 시작한다. 순수한 악극만으로 공연을 올린 것은 이것이 처음이었다.

비슷한 시기에 악극단을 적극적으로 이끌었던 인물로 배구자가 있다. 배구자는 최승희와 쌍벽을 이루던 전설의 무용수로서 서양식 무용을 배워 온 최초의 인물이었다. 그녀는 일본으로 무용 유학을 간 후 유럽과 미국에 순회공연을 다닌 이력을 가지고 있었다. 그 과정에서 해외의 보드빌이나 레뷰 등의 쇼 무대를 직접 보고 배웠다. 한국에 돌아온 그녀는 대중의 취향에 맞는 무용을 선보이며 큰 인기를 얻었다. 그리고 시간이 지나면서 무용에 연극의 요소를 넣어 '가극', '무용가극', '악극' 등을 만들어 내기 시작한다. 악극에 무용의 요소가 반영되며 더 다채로운 공연이 만들어졌다. 배구자는 1935년 자신의 무용연구소를 '배구자악극단'으로 이름을 변경하고 본격적인 악

조선악극단 공연 모습

1939년 일본 순회공연 중인 조선악극단

조선악극단이 소속되었던 오케 레코드사 전경

극 활동을 펼친다. 여기서도 브로드웨이에서처럼 다양한 쇼 형식이 점점 극 형태로 종합되어 악극이 되는 과정이 보인다.

아직 한국에 없던 공연 장르들을 해외 유학파들이 배우고 와 이 땅에 소개하는 것도 눈여겨볼 만하다. 근대화가 진행되며 해외에서 들어오는 서구 문물은 새롭고 더 나은 것으로 받아들여졌을 것이다. 극장에 적합한 공연물이 여러 가지 시도되었고, 그것이 종합되어 악극이 발생했다. 이런 의미에서 악극은 당시 최첨단 유행 콘텐츠였다. 악극 내에서 만나는 노래, 무용, 비극, 가극 등 다양한 레퍼토리도 큰 인기를 얻었다. 이들은 그 여세를 몰아 일본, 중국 등지에 해외 순회공연을 하기도 했다.

나아가 당시 시작된 레코드 회사들과 협업해 대중음악 산업을 부흥시킨다. 라미라가극단, 반도가극단, 조선악극단 등은 레코드사 소속으로 대중문화의 한 축을 담당한다. 브로드웨이에서 뮤지컬이 인기를 얻고, 대중음악 장르로 쇼 튠이 핵심 역할을 한 것과 일맥상통한다.

이 시기의 악극이 뮤지컬의 정의에 부합할지 그 구성을 조금 더 자세히 살펴보자. 박노홍은 당시 공연계에서 활발히 활동했던 작가이자 작사가였다. 그는 악극을 구성과 규모에 따라 다음과 같이 네 가지로 구분했다. 첫 번째는 소수의 연기자가 짧은 이야기를 연기하고 가수는 노래를 부르는 '코미디' 또는 '쇼' 형식이다. 두 번째는 악극 또는 가극 중 극과 노래가 일치되는 가운데 무용과 극이 어울리는 공연으로서 40곡 이상의 노래가 작곡되고 60곡 이상이 편곡되며 50여 명이 출연하는 공연이다. 세 번째는 악극 또는 가극 중 극과 노래가 일치하는 가운데 20곡 이상의 노래가 작곡되고 30곡 이상이 편곡되는 작품이다. 마지막으로 악극 또는 가극 중 10곡 이상의 노래가 작곡되고 40곡 이상이 편곡되어 애절함을 호소하는 작품이다. '극과 노래가 일치한다'는 말은 음악으로 극이 전개된다는 뜻이다. 다시 말해, 뮤지컬의 정의에 부합한다. 이에 따라 둘째, 셋째 구분은 뮤지컬 형식으로 보인다. 특히 두 번째 작품군은 그 표현으로만 봐서는 현재의 대극장 뮤지컬과 다를 바가 없다.

당시 대규모로 운영되던 조선악극단은 밴드만 30인조 오케스트라였다. 음반 회사가 설립한 악극단은 음반 회사의 전속 밴드가 반주를 담당했다고 한다. 또, 악극단 배우는 한 가지 분야만 잘해서는 캐스팅되지 못하고, 희극·노래·사회까지 아우르는 배우가 되어야 했다. 악극단의 수준은 천차만별이었지만, 당대 최고의 성악가·오케스트라·무용가가 모두 모인 단체들이 있었다. 한국 대중음악계의 원로인 김해송, 이난영, 고복수, 남인수, 김정구 등은 모두 조선악극단 출신이다. 나중에는 규모가 커져 악극단에서 파생된 발레단도 있었다.

물론 그때의 악극이 현재 우리가 알고 있는 엄밀한 북 뮤지컬이나 통합 뮤지컬의 형태를 갖추지는 못했을 것이다. 그렇다 해도 당시 악극이 매우 큰 규모로 인기몰이를 했고, 현대 뮤지컬같이 다양한 예술 요소를 종합한 공연이었다는 사실은 분명하다.

조선악극단 광고/1944년 7월 20일 《매일신보》

딴따라의
탄생

악극단이 가장 번성한 것은 1940년대였다. 20여 개에 달하는 많은 악극단들이 공연 활동을 했다. 일제 탄압의 영향이 컸다. 해방 직전 1940년대는 일본 군국주의가 예술을 강하게 통제하던 시기다. 모든 예술 활동을 어용화한 암흑기였다. 악극은 대중에 영합한 통속적인 장르로 받아들여졌기 때문에 오히려 이런 검열을 비껴갈 수 있었다. 광복이 되고 압제가 없어지자 악극단이 더 많아졌다, 해방 시기 극심한 혼란을 겪던 대중들은 도피처를 원했다. 기존 악극단 외에도 새로운 악극단들이 우후죽순으로 생겨났다. 이들은 가극협회를 구성하고 악극 경연대회를 여는 등 본격적인 활동을 했다. 이 시기 악극단은 희가극, 비가극, 버라이어티, 쇼, 노래 등 다양한 레퍼토리로 공연을 올렸다.

당시 악극단의 활동은 흥행과 뗄 수 없는 관계를 가지고 있었다. 관객이 몰리지 않으면 악극단을 유지할 수 없었다. 악극단 중 생성기부터 소멸기까지 남아있던 곳은 라미라가극단, 반도가극단, 백조가극단, 조선악극단 등 얼마 되지 않는 수였다. 이들이 10년 넘게 유지될 수 있었던 데는 몇 가지 이유가 있었다. 레코드 회사를 기반으로 만들어진 극단들이어서 자본력과 기획을 통한 운영전략을 가지고 있었다. 또, 자신들만의 레퍼토리를 가지고 있었다.

이들은 철저히 대중의 공감을 얻고 공연이 선택받을 수 있도록 노력했다. 일제의 압제와 해방기의 불안함을 잊으려는 관객에게 어필하기 위해서 통속성이 강하게 드러나는 공연이 만들어졌다. 관점을 바꿔 말하면, 악극은 창작자의 의지보다 관객의 선택이 훨씬 더 중요한 기준으로 작용했다. 이러니 악극은 당연히도 작품성에서 좋은 평가를 받지 못했다. 인기를 얻기 위해 노력하지만 그 노력이 예술적 완성도와는 관계가 멀었던 셈이다.

악극은 한국전쟁이 끝난 후부터 내리막길을 걷는다. 1950년대 영화 붐과 60년대 TV 방송의 등장으로 인기가 급속도로 기운다. 1954년 정부가 영화 활성화 정책을 펴면서 허장강·황해·김진규·이예춘 등 유명 악극 배우들이 영화판으로 들어갔다. TV나 영화로 진출하지 못한 악극 배우들은 유랑극단으로 흘러들었다. 과거 브로드웨이 배우들이 할리우드로 유출된 것과 같은 현상이었다. 그러나 할리우드에서 뮤지컬 영화를 만들며 브로드웨이와 공생했던 것과 달리 한국에서는 상업 공연계의 몰락을 초래한다.

악극인들은 당시 정권의 실세였던 임화수의 도움을 받아 악극을 재건하려 애쓰기도 했다. 그러나 시대의 흐름을 거스를 수는 없었다. 악극은 일제 시대의 구태의연한 문화로 받아들여졌다. 작품들도 과거의 모습을 벗어나지 못했다. 미국에서 들어온 영화, 방송으로 발전한 대중문화 속에서 악극은 잊혀갔다. 대중 공연도 미8군 클럽을 중심으로 한 쇼로 그 축이 옮겨갔다.

악극의 발생과 장르적 완성은 모두 대중의 취향을 떠나서 생각할 수 없다. 악극은 신파극이 도입된 1910년대부터 형성되어 장르가 소멸하기 시작하는 1950년대까지 인기를 끌었다. 그 과정에서 관객들의 관심을 끄는 요소들을 하나둘씩 공연에 넣어 종합 예술 장르로 발전한다. 이 작업이 단순한 결합만으로 이루어진 것도 아니다. 흥행을 성공시키기 위해 부단한 연구와 노력을 들였고, 그 결과 복합적인 무대를 만들 수 있었다. 대중들을 위한 공연이었던 만큼 작품에 담기는 정서 또한 그들에 맞춰졌다. 브로드웨이에 뮤지컬이 발전해 자리 잡은 과정과 매우 흡사하다.

한국의 악극과 브로드웨이 뮤지컬을 가른 결정적인 차이는 대중의 평가에 있었다. 브로드웨이에서는 대중 공연을 폄하하지 않았다. 뮤지컬에서 고유의 가치를 찾았다. 그러나 한국의 악극은 저질스럽고 없애야 할 대상으로 천대받았다. 애초부터 계급문화 없이 시작한 미국에서는 자생적인 문화를 소중하게 생각했다. 그러나 우리는 예부터 예술가를 천대하는 문화를 가지고 있었다. 조선시대부터 직업적 예능인을 광대라고 천시했다. 이런 인식은 개화기를 거쳐 근현대까지 변하지 않았다. 당시 대중문화계의 예술인들을 싸잡아 하대하는 '딴따라'라는 말은 지금도 그 부정적인 영향력이 건재하다. 대중문화를 즐기고 배우나 가수들에 열광하면서도 동시에 그 모든 것을 폄하하는 이중적인 태도를 당연시해 왔다. 대중의 호응과 함께 발전한 악극은 새로운 미디어의 출현 이후 저질·통속의 대명사로 집중적인 비난을 받으며 사라져 갔다. 특히 미국 문화가 주류가 된 후 악극은 청산해야 할 과거의 유산이 되었다.

그렇지만 악극이 없어졌다고 그곳에 몸을 담았던 사람들이 모두 사라지지는 않았다. 악극을 만드는 데 참여했던 제작진과 배우들은 이후 한국의 대중문화를 만드는 기반이 되었다. 영화나 공연에서 필요로 하는 배우, 창작진, 무대 기술자들은 대부분 악극을 하던 사람들이었다. 악극은 없어졌지만 이들의 DNA는 없어지지 않고 곳곳에 잠재되어 있었다.

마당극과 악극의
재발견

1960년대 이후 오랜 기간 잊힌 장르였던 악극은 1990년대에 다시 세상에 나온다. 그 직전 시기인 80년대에 인기를 얻은 마당놀이의 영향이었다. 마당놀이는 1980년 5월 문화방송에서 〈토선생전〉을 극으로 제작하여 TV로 방영한 것이 시작이었다. 〈토선생전〉은 전통 마당극을 차용한 형식이었다. 전래 설화 《토끼전》에 현대적 재해석을 가하고, 해학적으로 연출한 작품이었다. 시청자들은 유쾌하고 새로운 프로그램에 큰 호응을 보냈다. 이것을 본 제작자 이영윤과 김지일은 '마당기획'을 설립하고 1981년 〈허생전〉을 무대에 올린다. 문화방송도 창사 20주년 기념 작품이라는 타이틀을 걸고 제작에 참여한다. 그리고 이런 공연 장르를 '마당놀이'라고 이름 붙여 홍보했다. 〈허생전〉은 전국적으로 엄청난 인기를 얻었고, '한국적 코미디의 전형'이라는 호평을 받았다.

마당놀이는 전래소설의 서사를 중심으로 판소리, 풍물, 탈춤 등 전통 연희를 종합한 형태의 공연이다. 전통의 마당극을 옮긴 것이어서 객석과 무대가 구분되는 공연장을 쓰지 않았다. 열린 공간인 마당에서 배우가 관객과 접촉하며 즉흥적으로 극을 이끌어 가는 형식으로 제작되었다. 이런 틀 안에서 국악이나 관현악을 바탕으로 자연스럽게 노래를 섞어 공연했다.

마당놀이는 유료 공연이 전국적으로 큰 흥행을 할 수 있다는 것을 보여줬다. 이전 시기에는 서울을 중심으로 공연이 올라가고, 일부 공연이 소규모로 지방 공연을 하는 수준이었다. 전국을 대상으로 유료 대중 공연을 시도한 경험이 없었다. 당연히도 공연계에서는 이런 종류의 마케팅 방식이 성공하지 못하리라 예상했다. 그러나 미디어의 적극적인 도움을 받은 마당놀이는 예상을 뛰어넘는 대성공을 거둔다. 이후 문화방송이 주도해 다양한 주제의 작품을 제작했다. 그리고 이후 20여 년간 인기를 끌었다. 마당놀이는 큰 규모의 대중 공연이 돈을 벌 수 있다는 것을 보여준 획기적 사례가 되었다.

마당놀이가 돈벌이가 되자 업계에서는 이와 경쟁할 수 있는 공연물을 찾기 시작했다. 옛것에 향수를 가진 중장년층 관객의 호응을 얻을 수 있는 것이 대상이 됐다. 그 결과 악극이 재조명된다. 마당놀이가 옛날이야기를 현대화해 해학적인 공연을 했다면, 악극의 전성기를 아는 세대에게 그들의 정서를 담아 작품을 만들면 성공할 수 있으리라는 판단이었다. 잊히긴 했지만, 과거 대중들의 사랑을 받았던 장르였다. 악극을 만들었던 창작자들, 배우들, 기술자들도 아직 건재했다. 언제라도 다시 시작할 준비가 되어있던 것이다.

현대의 악극은 비교적 가까운 과거의 이야기로 서사를 이끌고 향수를 자극할 신파조의 노래로 구성되었다. 어려웠던 과거 시절, 인생의 굴곡진 이야기들이 애절한 노래들로 표현된다. 1993년 공연된 〈번지 없는 주막〉은 악극을 부활시켜 큰 인기를 얻은 첫 작품이다. 주권을 잃은 민족의 설움을 그린 작품이었다. 극의 제목과 같은 〈번지 없는 주막〉 외에 〈대지의 항구〉, 〈꽃마차〉 등 기존의 유명 트로트 가요와 새로 작곡된 〈부평초〉가 연주되었다. 이후 〈굳세어라 금순아〉(1995년), 〈울고 넘는 박달재〉(1997년), 〈봄날은 간다〉(2003년) 등 여러 악극이 제작되었고, 지금도 꾸준히 무대에 올라가고 있다.

다시 등장한 악극은 상업적인 성공을 거둔다. 옛 정서를 그리워하는 관객들이 작품을 찾았기 때문이다. 그러나 마당놀이에 비해 좋은 평을 받지 못했다. 새로 작품이 만들어졌다고는 하나 과거 비판받던 신파 악극의 전형에서 벗어나지 못했기 때문이다. 마당놀이는 한국의 전통적인 소재와 공연 방식을 가지고 있어 비판의 여지가 적었다. 하지만 악극은 통속적인 감정 배출의 통로일 뿐이라고 평가 절하된다. 나아가 타깃 관객이 악극을 기억하던 중장년층이다 보니 올드한 공연이라는 부정적 평가가 추가되었다.

1950년대 말 악극이 소멸될 때 받던 비판은 최근까지 이어지고 있는 모양새다. 우리에겐 고급예술과 저급예술의 이분법적 사고를 가지고 위계를 평가하는 역사가 있었다. 신분제가 굳건했던 조선시대에 예인은 최하층 계급이었다. 일제 강점기와 미군정 시기를 거치는 동안 이런 사고방식은 크게 고쳐지지 않았다.

학술 영역에서는 더 심했다. 2000년대 초까지 대중 공연에 대한 연구 논문은 많지 않았다. 예술성을 지향하는 것이 아닌 상업적 목적의 악극 같은 것들은 학술적인 가치를 논할 수 없다고 평가되었다. 한국 연극사는 예술성을 중시하는 사실주의 연극에 중심을 두고 있다. 대중극인 신파극과 악극은 잘 다루지 않는다. 신파극, 악극이 상업성에 영합해 타락한 면이 있는 것은 사실이다. 그러나 다양한 무대를 시도하고 트렌드를 이끈 것은 무시할 수 없는 지점이다. 악극을 만들었던 사람들이 대중문화의 기반을 이루었다는 사실 또한 큰 의미가 있다. 그럼에도 악극은 저열한 대중극이라는 평가의 틀에 갇혀있다.

나아가, 사회의 엘리트로 자처하는 사람들은 고급한 콘텐츠로 문화적 자본을 축적하길 원했다. 대중극은 클래식 공연이나 예술성 높은 연극의 대척점에 있었다. 이런 저속한 공연은 멀리해야 할 대상이었다. 이런 태도가 극을 연구하는 사람들의 이론으로 정립되고, 이 관점이 대중을 교육하는 이념으로 자리 잡았다. K팝에 열광하고, 누구나 연예인을 꿈꾸는 지금과는 너무도 먼 태도다.

이런 평가 태도가 뮤지컬에는 그대로 적용되지 않는다. 악극과 마찬가지로 대중성을 지향하지만, 받아들이는 대중들은 고급문화로 생각한다. 2000년대 들어 뮤지컬이 인기를 끌자 제작자들을 중심으로 악극을 뮤지컬로 인식시키려는 시도가 있었다. 뮤지컬을 정의하는 세 가지 특성을 모두 갖추고 있는데 악극을 뮤지컬이 아니라고 말할 수도 없다. 그러나 뮤지컬 업계는 악극의 이미지가 섞이는 것을 원하지 않았다. 관객들 또한 이 두 장르를 전혀 다른 것으로 생각하고 공통점을 찾지 않았다.

이런 맥락에서 한국에서 생각하는 뮤지컬의 정의에는 한 가지 조건이 추가되어야 한다고 본다. '서구의 음악극 전통에 속한 것'이어야 한다는 점이다. 우리가 뮤지컬이라 인정하고 받아들이는 작품은 미국 브로드웨이, 영국 웨스트엔드 것들이 대표적이다. 거기에 오스트리아 빈, 체코, 스위스 등의 작품도 추가된다. 모두 서구 문화권에 속한다. 물론 일본의 작품이 들어온 적도 있고, 중국 원작 뮤지컬을 시도한 적도 있다. 하지만 그 작품들도 서구식 작법으로 만들어진 뮤지컬들이다. 일본과 중국의 작품들이 주류로 자리 잡은 것도 아니다. 꾸준히 무대에 오르고 오랜 기간 살아남은 뮤지컬들은 대개 서구권 작품이다.

이 부류에 끼지 못해 뮤지컬로 생각지 않는 대표적인 공연이 악극이다. 같은 맥락에서 판소리를 뮤지컬 형식으로 만든 창극唱劇도 마찬가지다. 국립창극단이 있을 정도로 꾸준히 제작되고 있고, 그 완성도 또한 높다. 극의 전개 방식, 연출 방식도 뮤지컬과 동일하다. 무대의 경계가 없는 마당놀이와 달리 프로시니엄 무대를 쓴다. 판소리 창법으로 부르고 안무와 의상이 한국적이라는 것 정도가 차이점이다. 하지만, 창극과 뮤지컬을 같은 장르로 생각지 않는다. 그 음악적 기원과 정서를 한국 전통 연희인 판소리에서 잡고 있기 때문이다.

심지어, 한국에서 뮤지컬을 분류하는 방법에서도 서구 중심의 사고가 보인다. 국내 작품들은 크게 오리지널 뮤지컬, 라이선스 뮤지컬, 창작뮤지컬로 분류한다. 오리지널original 뮤지컬은 해외 프로덕션을 가져와 공연하는 것을 말한다. 브로드웨이 원작이라고 치면, 현지 제작팀이나 거기 소속된 투어 공연팀이 만든 작품을 말한다. 오리지널 뮤지컬은 당연히도 원작 그대로의 대본대로 공연하기 때문에 외국인 배우가 원어 그대로 노래와 대사를 처리한다. 라이선스 licence 뮤지컬은 해외 원작의 저작권을 구매하여 한국 시장에 맞게 개작하여 공연하는 것을 말한다. 창작뮤지컬은 해외 저작권과 무관하게 한국 제작사가 원작을 만드는 것을 말한다.

이런 분류법에는 서구 중심의 작품이 진정한 뮤지컬이라는 인식이 깔려있다고 봐야 한다. '오리지널 뮤지컬'이라는 말 자체가 '진짜 뮤지컬'이라는 뜻을 담고 있다. 나아가 원작만큼의 완성도를 담보한다는 의미로 '라이선스 뮤지컬'이라는 용어가 파생된다. 해외 작품의 저작권을 정당하게 사오고 그 품질을 보증할 시스템이 갖춰졌다는 것을 표방한다. 추측컨대, 이런 용어는 1990년대까지 성행했던 저품질의 해적판 뮤지컬에 상대되는 개념으로 등장했을 것이다.

'창작' 뮤지컬은 한국에서 만든 작품을 말한다. 그렇다면, 라이선스 뮤지컬에 창작 과정이 없을까? 라이선스 뮤지컬은 다시 두 가지로 나뉜다. 원작의 모든 것을 동일하게 구현하고 대사와 가사만 한국어로 바꾸면 레플리카replica 뮤지컬이라고 한다. 저작권의 일부만 가져와 나머지를 한국화하는 것을 논 레플리카non-replica 뮤지컬이라고 한다. 논 레플리카 뮤지컬은 대본과 음악의 저작권만 가져오고 무대, 연출, 의상 등을 한국 관객 정서에 맞게 개작해야 한다. 새로 작품을 만들어 내는 수준의 노력이 들어간다. 원작과 동일한 수준으로 만들어 내는 레플리카 작품이 창작이 아닌 것도 아니다. 그럼에도 이런 작품에 '창작' 뮤지컬이란 말을 쓰지 않는다.

이런 관점에서 '창작뮤지컬'이란 말은 두 가지 의미를 담고 있다고 본다. 먼저, 한국 제작진의 자부심이 표현된다. 이제 과거의 해적판을 넘어서서 우리의 창작 능력으로 진짜 뮤지컬을 제작하고 있다는 것을 표방한다. 두 번째로 굳이 아무런 수식어 없이 '뮤지컬'이라 부르지 않고 '창작뮤지컬'이라고 할 때는, 원래의 개념인 뮤지컬에서 파생되었다는 인식이 반영된다. 뮤지컬은 뮤지컬인데, 오리지널인 서구의 작품이 아니라 한국에서 파생되어 만들어진 작품이란 뜻이 들어있다고 생각한다. 한국에서 와인을 만들면 '국산 와인'이라고 부르는 것과 비슷하다. 결론적으로, '오리지널' 작품을 기준으로 라이선스, 창작 작품을 구분하는 것은 한국 뮤지컬이 서구 중심의 관점을 가지고 있다는 것을 방증한다.

재미있는 것은, 이런 식의 분류가 한국에만 존재한다는 사실이다. 브로드웨이에서 영국 작품이 올라간다고 '오리지널 뮤지컬'이라든가 '라이선스 뮤지컬'이라는 용어를 쓰지 않는다. 뉴욕에 신선한 바람을 불러일으키는 한국 제작 작품들, 〈위대한 개츠비〉, 〈어쩌면 해피엔딩〉 같은 뮤지컬도 그냥 '뮤지컬'일 뿐이다. 이 작품들을 굳이 다른 부류로 구분하지 않는다. 일본의 대표적인 티켓 판매 사이트인 '티켓피

아*チケットぴあ*'에 가 봐도 뮤지컬을 이런 식으로 분류하지 않는다. 오히려 뮤지컬은 연극 분류 안에서 같이 판매하고 있다. 서구권 공연 장르를 받아들인 일본도 우리와는 다른 관념을 가졌다는 의미다.

'오리지널 연극', '레플리카 연극'이란 말을 들어본 적이 있는가? 다른 공연 장르에서는 작품을 뮤지컬처럼 분류하지 않는다. 해외 저작권이 있는 연극을 하더라도 그냥 그대로 하나의 '연극'일 뿐이다. 굳이 해외 원작임을 숨기는 것도 아니다. 재해석도 창작으로 생각하고 '라이선스'라는 말을 전면에 내세우지 않는다. 오직 뮤지컬에서만 이런 식의 개념을 적극적으로 표방한다. 한국 뮤지컬이 좀 더 성장하면 저런 분류법이 없어질지도 모른다. 하지만, 지금 이곳에서는 상식으로 통한다.

따라서 한국 공연시장에서 뮤지컬은 다음과 같이 정의할 수 있을 것이다. '서구 음악극 전통에 의해 만들어지고 대중문화를 지향하는 종합예술 공연'. 지금까지 살펴봤듯 이 정의에는 서구, 특히 미국과 유럽의 문화를 높게 평가하는 인식이 깔려있다. 2000년대 초까지 한국의 대중은 이런 방식의 문화 소비에 익숙했다. 거기에 〈오페라의 유령〉이 뮤지컬 시장을 열 때 고급문화로 자리매김한 영향도 크게 작용했다. 〈오페라의 유령〉 초연 당시 새로운 관객층이 생기고 이전과 달리 높은 지불 의사를 보였다. 즉, 한국 대중들이 그런 고급한 종류의 공연 콘텐츠를 원했다. 그것이 좋은 방향인지 아닌지를 밝히려는 것이 아니다. 단지, 한국의 뮤지컬 시장은 그렇게 형성되었고 그런 틀 속에서 발전되어 왔다는 사실을 많은 곳에서 쉽게 발견할 수 있다는 것이다.

지금까지 살펴보았듯 악극은 태생이 달랐다. 아무리 그 발전 과정이 브로드웨이 뮤지컬과 같았다 해도, 한국인들에게 왜색이 짙은 것들은 버려야 할 문화였다. 저질의 통속 공연이라는 부정적 이미지도 덧붙여졌다. 1990년대에 다시 등장한 악극도 그 벽을 넘지 못했다. 정의상 뮤지컬이지만, '일본의 잔재'이고 '구태의연한 저급문화'인 악극은 뮤지컬이 될 수 없었다. 뮤지컬은 우리가 본받아야 할 '서구의 선진문화'이고 '새로운 세대가 즐기는 고급 공연물'이어야 했다. 자각하지 못하더라도, 우리가 악극을 뮤지컬이라고 부르지 않는 인식의 기반에는 이런 생각이 자리 잡아있다고 본다. 우리에게 뮤지컬은 자생적인 대중문화가 아니라 구태 문화를 끊어낸 명품 수입 브랜드다.

07

뮤지컬
티켓 가격은
왜 비싼가?

이름을 알만한 뮤지컬의 관람료는 참 비싸다. 가장 높은 등급인 VIP석이 10만 원 후반대가 된 지 이미 오래다. 두 사람이 관람하면 푯값만 30만 원 이상, 좀 비싼 공연은 40만 원 가까이를 써야 한다. 아무리 물가가 오르고 공연의 질이 올라갔다 하더라도, 보통 월급쟁이가 하룻저녁 문화 생활비로 30만 원 넘게 쓰는 것은 쉬운 일이 아니다. 요즘 멀티플렉스 영화표 가격이 1만 5천 원에서 1만 6천 원 정도인 것을 감안하면 열 배 수준이다. 뮤지컬을 관람하려면 영화를 보며 열 번 데이트할 비용을 하룻저녁에 써야 한다는 말이다. 부담이 될 수밖에 없다. 가장 비싼 표를 샀다고 자리가 모두 좋은 것도 아니다. 극장 1층 중앙 블록에 앉을 것을 기대하고 들어갔다가 한쪽 사이드 블록에 앉게 되는 경우도 많다. 아예 1층도 아니고 2층 자리로 안내

되기도 한다. 왜 그런 걸까?

글을 쓰고 있는 2025년 8월 현재 판매되는 서울 대극장 뮤지컬 티켓 가격을 살펴보자. 〈노트르담 드 파리〉, 〈위대한 개츠비〉, 〈위키드〉, 〈멤피스〉, 〈미세스 다웃파이어〉, 〈42번가〉, 〈맘마미아〉의 가장 비싼 등급 티켓 가격을 보면 다음과 같다. 〈노트르담 드 파리〉, 〈위대한 개츠비〉, 〈위키드〉는 19만 원, 〈멤피스〉, 〈미세스 다웃파이어〉는 17만 원, 〈42번가〉, 〈맘마미아〉는 16만 원이다.

그럼 이것이 업계에 정해진 가격일까? 그런 것도 아니다. 현재 최고가 티켓 가격이 19만 원인 공연장의 직전 시기 2024년 가을 가격을 살펴보자. 〈킹키부츠〉, 〈지킬 앤 하이드〉, 〈하데스 타운〉 등 작품의 최고 등급 티켓 가격은 17만 원이었다. 〈노트르담 드 파리〉를 하는 세종문화회관의 경우 2024년 공연 〈영웅〉은 최고가가 16만 원이었다.

현재 팔리는 등급별 가격 구성도 조금씩 다르다. 〈위대한 개츠비〉, 〈위키드〉는 가장 높은 등급부터 차례로 19만 원, 16만 원, 13만 원, 9만 원이다. 〈노트르담 드 파리〉는 19만 원, 15만 원, 12만 원, 9만 원, 7만 원이다. 미묘하게 다르다. 극장마다 좌석 수가 달라 조금씩 다를 수도 있다. 그렇다면 같은 극장의 표 가격은 비슷하게 유지될까? 현재 〈42번가〉를 공연하는 샤롯데씨어터를 살펴보자. 〈42번가〉는 16만 원, 14만 원, 11만 원, 8만 원으로 책정되어 있다. 바로 직전 공연이었던 〈알라딘〉은 19만 원, 16만 원, 13만 원, 9만 원이었다. 〈알라딘〉 직전 공연이던 〈하데스 타운〉은 17만 원, 14만 원, 11만

〈엘리자벳〉 초연(2012년) 블루스퀘어 좌석 배치도
(인터파크 판매 자료 참조)

〈엘리자벳〉 10주년 기념공연 (2022년) 블루스퀘어
좌석 배치도(인터파크 판매 자료 참조)

원, 8만 원이었다. 〈42번가〉 바로 뒤에 공연하는 〈미세스 다웃파이어〉은 17만 원, 14만 원, 11만 원, 8만 원이다.

물론, 뮤지컬은 작품마다 다 다른 상품이기 때문에 가격이 달라질 수밖에 없다. 기관에서 시장가격을 정해주는 공공재가 아니니 거래되는 시장에서 적정 가격이 정해진다. 그렇다 해도 모든 궁금증이 사라지는 것은 아니다. 같은 극장에서 공연하는 서로 다른 뮤지컬에서 VIP 좌석의 위치는 동일할까? 같은 작품이 다른 극장에서 공연을 한다면 티켓 가격은 변할까?

뮤지컬 〈엘리자벳〉은 초연과 10주년 기념 공연을 동일한 극장에 올렸다. 그런데, 이 두 공연의 좌석 배치도를 비교해 보면 미묘한 변화를 발견할 수 있다. 초연 티켓에서는 VIP보다 비싸게 팔았던 D-Class(다이아몬드석) 등급이 있었으나, 이것도 VIP로 포함해서 비교해 보자. 일단, 초연 당시에 1층 맨 앞 열은 VIP 등급이 아니다. 고개를 들어 무대를 보는 것이 불편하기 때문에 한 단계 낮은 R등급으로 판매한 것이다. 1층 8열부터 양쪽 끝 두 줄은 S석이다. 1층 맨 뒤쪽은 가운데 블록이라도 R석으로 되어있다.

10년 후 다시 공연을 올렸을 때는 VIP석이 늘어났다. 처음 R석이었던 맨 앞줄과 뒷줄 모두 등급을 올렸다. 1층 가장 바깥쪽 좌석들은 S석에서 R석으로 변경되었다. 2, 3층도 마찬가지다. 초연 당시 있던 B등급 티켓은 아예 없어졌다. 본래 A석이었던 3층 앞자리는 S석으로 올라갔고, A석은 3층 맨 뒤 4줄만 남았다. 티켓 가격이 상승한 것은 물론, 전반적인 좌석 등급이 올라간 것이다. 같은 작품을 같은 극장에서 해도 좌석의 등급이 다르다는 것을 알 수 있다. '지난번에 R석 자리를 봤는데, 이번에도 비슷한 위치에서 볼 수 있겠군', 'VIP석이면 중앙 블록의 좋은 자리 아니야?'라는 어쩌면 당연할 수 있는 생각은 통하지 않는다.

이런 일은 〈엘리자벳〉에만 해당하는 것이 아니다. 비슷한 시기, 같은 극장에 다른 작품이 들어와도 좌석의 등급은 조금씩 달라진다. 같은 작품이 다른 극장에서 공연을 할 경우 좌석마다 어떤 등급을 매길 것인지 모두 새로 정한다. 공연의 규모와 성격만으로 티켓 가격이 책정되지 않는다는 말이다.

뮤지컬이 한국에 소개된 이래 관람 요금은 꾸준히 올랐다. 등급별 가격도 올랐고, 낮은 등급의 좌석이 점점 적어지는 방향으로 변화해왔다. 물가가 오르기 때문에 가격이 오르는 것은 당연하다. 그러나 뮤지컬 공연의 관람 요금은 이렇게 단순하게만 설명할 수 없는 더 복잡한 방향으로 변해왔다. 그렇다면 뮤지컬의 티켓 가격은 어떻게 결정되는 것인가? 그리고, 왜 뮤지컬 티켓은 다른 공연에 비해 유독 비싼 것일까?

티켓 가격이
결정되는 과정

결론부터 얘기하겠다. 좀 허무하겠지만, 뮤지컬 티켓 가격을 정하는 가장 중요한 기준은 들이는 돈의 규모다. 뮤지컬 제작자들은 대중에게 사회 공헌 목적으로 작품을 보여주는 것이 아니다. 투자를 하고 수익을 내기 위한 목적이 1번이다. 이러니 당연히도 제작비 규모에 맞춰 티켓 가격을 산정한다. 장사를 하는 입장에서는 너무도 당연한 말이다. 하지만, 이렇게 말하면 '좀 싸게 받고 많이 팔면 되는 것 아닌가?'라는 의문이 들 수 있다. 그렇게 할 수 있다면 다행이겠지만, 문제는 그리 간단하지 않다.

　뮤지컬 작품은 팔 수 있는 티켓의 총량이 정해져 있다. 이것을 이해하기 위해 가상의 공연을 제작해 보자. 극장의 좌석 수가 1천 개, 공연 횟수 100회인 뮤지컬이 있다고 가정하자. 한국은 공연 기간을 정해놓고 작품을 올리기 때문에 공연 횟수를 맘대로 늘릴 수 없다. 극장도 만들어져 있는 건물이기 때문에 좌석 수가 정해져 있다. 그렇다면 이 공연에서 팔 수 있는 티켓의 총량은 1천 개 × 100회 = 10만 개가 된다. 이 10만 장은 더 늘릴 수 없는 숫자다. 이 매수를 기준으로 제작비를 회수하고 수익을 낼 수 있는 가격을 계산해 내야 한다.

여기서 이 뮤지컬의 제작비를 50억 원이라고 가정해 보자. 티켓을 모두 팔 수 있을 경우 손해를 보지 않는 표당 가격은 50억 원 / 10만 장 = 5만 원이 된다. 좌석당 평균 5만 원을 받고 모두 팔아야 겨우 제작비를 회수할 수 있다는 말이다. 이제 여기부터 조금 복잡해진다. 초대박 흥행을 내도 100% 판매는 거의 불가능하다. 그렇다면, 이 공연이 얼마나 팔릴지 미리 예측해야 한다. 이 결정은 정말 아무도 모르는 신의 영역이다. 그래도 어쩔 수 없다. 공연 제작자는 자신의 모든 경험과 노하우를 모아 상황을 판단해야 한다.

이 가상의 공연에서는 계산하기 편하게 전체의 50% 정도가 팔릴 것으로 예측했다 치자. 이렇게 되면 아까 계산한 평균 티켓 가격 5만 원으로 팔면 제작비의 절반인 25억 원을 손해 보게 된다. 따라서 손해를 보지 않으려면 평균 티켓 가격을 그 두 배인 10만 원으로 잡아야 한다. 하지만 뮤지컬 제작자들은 '손해를 보지 않기 위해서' 작품을 올리는 것이 아니라 '수익을 내기 위해서' 작품을 올린다. 이 작품에서 10%의 수익을 목표했다고 가정해 보자. 그럼 50%를 팔 수 있다는 가정하에 평균 티켓 가격은 10만 원에서 10% 더 비싼 11만 원이 되어야 한다.

팔아야 할 평균 가격이 정해졌으니 극장 내 좌석의 등급을 정할 차례가 됐다. 티켓 가격은 평균단가 11만 원보다 더 비싼 가격으로 높은 등급을 책정하고, 그보다 싼 가격으로 낮은 등급을 책정한다. 그리고 극장의 좌석표를 들고 가운데 블록부터 어디까지를 VIP로 할지, 가장 낮은 등급은 몇 장으로 할 수 있을지를 일일이 개수를 세어가며 배정한다. 이 과정을 통해 전체 티켓 판매 가격이 평균 11만 원에 근접하게 맞추는 것이 제작팀의 큰 업무다.

비싼 티켓을 더 많이 넣고 낮은 등급도 더 늘려 평균을 맞출 수도 있다. 등급별 차이가 크게 나지 않게 하고 모두 평균가 근처에 맞게 할 수도 있다. 무엇이 공연 성격에 더 맞을지 잘 판단해야 한다. 더 잘 팔 수 있게 좌석을 배치하는 것이 숨겨진 노하우가 된다. 제작비가 너무 높으면 관람 환경이 좋지 않은 좌석도 더 비싸게 팔아야 하는 일이 생긴다. 좀 더 낮은 가격으로 관람률을 높이는 방향으로 잡는다면 티켓 가격이 내려갈 수도 있다. 극장마다, 작품마다 같은 좌석이 VIP가 되기도 R이 되기도 하는 것은 이런 속사정이 있기 때문이다.

이 지점에서 뮤지컬 티켓 가격을 정하는 다른 큰 요소가 개입한다. 바로 경쟁 작품들의 가격이다. 같은 시기에 공연되는 뮤지컬 가격보다 더 비싸게 팔기는 어렵다. 이 작품이 다른 공연들과 차별화되는 엄청난 특이점이 있다면 모를까, 시장의 원리를 거스르며 가격 책정을 하는 것은 무모한 짓이다. 좌석에 등급을 배정할 때 앞서 길게 살펴 본 과정과 함께 시장가격 동향을 동시에 봐야 한다. 제작비 중심으로 생각할 때와 반대 방향으로 갈 수도 있다. 오히려 시장의 티켓 가격 흐름에 제작비를 맞춰야 할 수도 있다. 시장가격에 따라 대략의 티켓 매출액을 추산하고, 거기에 맞게 제작 규모를 정하는 방식이다.

우리가 생각해 본 가상의 공연이 팔리는 시점에 경쟁작들의 티켓 가격이 최고 등급부터 11만 원, 9만 원, 7만 원, 6만 원이라고 가정해 보자. 예상 제작비는 50억 원이었고, 팔 수 있는 좌석 10만 개는 바꿀 수 없다. 아까 계산한 대로라면, 평균 가격이 11만 원이 되어야 10%의 수익 목표를 달성할 가능성이 있었다. 그런데, 시장에서 가장 높은 등급 티켓이 11만 원이니 어떻게 해야 하나? 모든 좌석을 가장 높은 등급으로 팔 수는 없는 노릇이다.

이때 제작자는 결정해야 한다. 먼저, 티켓 가격을 올리는 방법이 있다. 작품의 경쟁력을 믿고 13만 원, 11만 원, 9만 원, 8만 원으로 책정하는 것이다. 두 번째 방법은 제작비를 삭감하는 것이다. 50억 원이 적정 제작비였으나, 시장가격으로 팔면 손해를 감수해야 하는 상품이 된 셈이다. 45억 원이든 40억 원이든 줄일 수 있는 제작비 항목을 찾아 규모를 작게 만드는 방향이다. 마지막으로, 아쉽지만 작품 제작을 접는 방법도 있다. 예상 제작비를 줄일 방법도 없고, 가격을 높게 해도 경쟁력을 가지기 어렵다면 제작을 하지 않는 것이 최선이다. 제작자 입장에서 이 세 가지 경우 중 어느 하나 쉬운 결정은 없다.

물론 실제 티켓 가격을 정하고 좌석을 배정하는 데에는 지금까지 살펴본 것보다 훨씬 더 많은 디테일을 살펴야 한다. 의무적인 할인율, 단체판매, 시야장애석 등이 존재하기 때문이다. 그래도 큰 틀을 정하는 과정은 여기서 크게 벗어나지 않는다. 다시 이 과정을 복

기해 보면 티켓 가격을 정하는 몇 가지 주요 요소를 파악할 수 있다. 가장 중요한 것은 제작비다. 투자금을 회수하고 수익을 내는 계획을 세우기 위한 기준점이 된다. 너무도 당연히 제작비가 올라가면 티켓 가격이 올라간다.

그다음 영향을 주는 것은 좌석의 수와 공연 횟수이다. '박스box의 크기'라고 부르는 객석의 수는 많아야 좋다. 3천 석 극장과 1천 석 극장은 팔 수 있는 표의 양이 세 배나 차이가 나지 않겠는가. 작품의 규모만 충분하다면, 제작자들은 당연히도 좌석의 수가 더 많은 극장을 선호한다. 공연의 횟수 또한 공급량을 결정한다. 단 하루라도 더 공연을 해야 팔 수 있는 티켓이 늘어난다.

스스로 제작자가 되었다고 상상해 보자. 이 세 가지 요소를 어떻게 해야 최고의 조건이 될 것인가? 제일 먼저 제작비를 최대한 낮추기 위해 노력해야 할 것이다. 제작비에는 수많은 구성 요소들이 있다. 모두 작품의 질을 높이기 위해 들이는 돈인 만큼 어느 요소 하나도 소홀히 할 수 없다. 그렇다고 무한정 제작비를 늘릴 수는 없다. 가장 적정한 수준의 제작비를 맞추기 위해 머리를 짜내야 한다. 그러나 언제나 자신의 의지와 무관하게 비싸지는 것들이 있다. 이런 요소들을 적절히 조정해 제작비를 낮추는 것이 가장 중요한 일이 된다.

그다음엔 좌석 수가 많고 길게 공연할 수 있는 극장을 찾아야 한다. 서울의 대극장들은 통상 실제 공연을 올리는 시즌 2년 전에 대관이 완료된다. 극장들은 공연이 비는 기간 없이 운영하려 노력한다. 빈 극장은 그대로 손실이기 때문이다. 그래서 미리 예약을 받고 운영계획을 세운다. 대개 1년 단위로 큰 계획을 세우는데, 미리 2년 전에 대략의 계획을 정해야 1년 전에 스케줄을 확정할 수 있고, 그것으로 해당 연도를 운영할 수 있다. 그래서 대개 2년 전에 공연 스케줄을 잡는다. 극장은 특별한 상황이 아닌 이상 뮤지컬에 약 3개월 정도의 대관 기간을 준다. 거의 모든 뮤지컬 작품이 100회 내외의 공연을 하는 것은 이 때문이다. 이 상황에서 모든 제작사들이 좋은 공연장을 확보하기 위해 치열하게 대관 경쟁을 벌인다. 좌석 수와 공연 기간이 제작비에 맞게 하기 위해 끊임없이 극장에 러브콜을 보낸다.

제작비 규모, 좌석의 수, 공연 횟수 이 세 가지 요소를 잘 이해하면 티켓 가격과 운영에 대한 문제 대부분을 이해할 수 있게 된다. 안타깝게도 현실에서 이 세 가지 조건을 자기 마음대로 정할 수 있는 사람은 없다. 제작비를 싸게 내리는 것은 언제나 한계가 있다. 작품의 질을 생각하면 오히려 돈을 더 들여야 할 것이 많을 뿐이다. 조금 전 지적한 것과 같이 대관할 수 있는 극장의 조건을 내 마음대로 정할 수 없다. 좌석의 수가 엄청나게 차이 나는 극장도 몇 없다. 대관을 해주는 기간도 거의 비슷하게 통상적인 룰로 정해져 있다. 뮤지컬 티켓 가격이 다 엇비슷하게 정해지는 데는 이유가 있는 셈이다.

여기서 이런 상상을 할 수 있다. '극장 좌석 수가 정해져 있는 거라면, 무한정 공연을 할 수 있게 해주면 얼마나 좋을까?' 또, '공연이 잘 팔릴 때 티켓 가격을 맘껏 올릴 수 있으면 좋지 않을까?' 생각만 해도 좋지 않은가? 사실, 이런 공연 방식은 실현 가능하다. 브로드웨이에서는 실제로 이렇게 운영하고 있다.

Dynamic
Pricing

브로드웨이의 중심, 타임스퀘어에 가보면 당일 공연 티켓을 싸게 구할 수 있는 tkts 부스를 만날 수 있다. 적게는 정가의 20%, 많게는 50% 이상 할인된 티켓을 판매한다. 이름을 알만한 공연이 팔리는 날엔 줄을 서는 광경을 쉽게 볼 수 있다. 반대로 가장 핫한 공연들은 가격이 천정부지로 치솟고 수개월 전에도 예매가 어렵다. 뮤지컬 〈해밀턴〉은 엄청난 인기로 한때 일부 좌석이 3천 달러가 넘는 가격으로 판매되기도 했다. 3천 달러짜리 두 자리를 구하려면 한국 보통 사람들 한 달 치 월급으로도 부족한 돈이 된다. 이처럼 절반가도 안 되는 티켓과 수십 배 오른 표가 공존하는 곳이 브로드웨이다. 사실, 브로드웨이에서는 뮤지컬의 통상적 정가라는 개념이 희박하다. 같은 공연이라도 주말인지 평일인지에 따라 차이가 난다. 붙어있는 자리라도 혼자만 앉을 수 있는 좌석은 더 싸게 팔린다.

또, 브로드웨이 뮤지컬은 대개 폐막일이 정해져 있지 않은 오픈런open-run 방식으로 운영된다. 공연을 올리고 매출이 좋지 않으면 오픈 후 수일 내에 공연을 접을 수도 있고, 꾸준히 인기를 얻으면 언제까지고 계속 공연을 이어간다. 〈라이온 킹〉은 1997년 개막해 지금까지 공연하고 있다. 〈오페라의 유령〉은 1988년 1월 26일 개막해서 2023년 4월 16일까지 35년을 공연해 최장기 공연 기록을 세웠다. 총 1만 3,981회를 공연했고, 2천만 명이 넘는 관객을 끌어모았다. 총수익은 13억 6천만 달러(약 1조 9,000억 원)로 추산된다. 공연 기간 동안 배우 400여 명을 포함, 총 6,500개의 일자리를 창출했다. 이런 운영이 가능한 것은 제작비의 구조와 운영 방식이 한국과 다르고, 판매하는 타깃 관객의 구성과 규모가 우리와 다르기 때문이다,

그렇다면, 오픈런 방식은 어떻게 예산을 책정하는 것일까? 전체 공연 기간이 폐쇄적으로 정해지지 않으니 한국처럼 제작비를 계산할 수 없다. 한국 공연은 준비 기간부터 폐막까지 드는 비용 전체를 산정한다. 폐막일과 공연 횟수가 정해지지 않으면 전체 비용을 예측할 수 없다. 그래서 브로드웨이 공연은 한국과 다른 방식으로 예산을 세우고 운영한다. 공연을 오픈할 때까지 드는 비용인 프로덕션 예산Production Budget과 오픈한 이후 필요한 운영 예산Operating Budget 두 가지를 구분하여 계산한다.

프로덕션 예산은 고정비용이다. 작품을 제작하는 데 드는 일회성 비용으로서 작품을 창작해 무대에 올리는 데까지 드는 돈을 말한다.

개막하기 전에 뮤지컬을 개발하고 연습을 시키고 세트, 소품, 의상 등을 만드는 비용이 포함된다. 운영예산은 공연을 올린 후 들어가는 비용을 의미한다. 매회 출연하는 배우의 출연료, 오케스트라 연주료, 운영 스태프 인건비, 대관료, 식비 등을 포함한다. 프로덕션 예산은 공연을 성공적으로 올리는 데 필요한 비용이기 때문에 미리 투자를 받아야 한다. 이에 반해 운영예산은 실제 운영하는 데 드는 돈이기 때문에, 오픈 후 팔리는 티켓 매출액으로 충당한다. 회당 티켓 판매액이 운영예산보다 더 많으면 수익이 쌓이는 것이고, 그 반대의 경우 손실이 쌓이게 된다.

제작사는 매주 공연의 수지를 계산해서 공연을 지속할지 여부를 결정한다. 수익이 쌓이는 경우는 공연을 지속하지만, 손실이 나면 공연을 그만둔다. 여기서 미국 특유의 실용주의가 드러난다. 프로덕션 예산으로 얼마가 들었든, 티켓 매출액이 운영비용보다 적게 나오면 더 이상 지속하지 않는다. 계속해 봤자 손실만 쌓인다면 미련 없이 접는 것이 합리적이다. 미리 들인 돈과 노력이 아까워도 미련을 두지 않는다는 뜻이다. 즉, 오픈런의 폐막일은 공연이 손실을 내는 순간 결정되는 셈이다. 공연을 올리고 한두 주 만에 폐막하기도 하고, 수십 년 이어서 공연을 할 수도 있는 배경이 여기에 있다.

더 특이한 점은 공연의 인기가 높아져 티켓을 구하려는 사람이 늘어나면 공연 중이라도 가격을 올린다는 사실이다. 〈해밀턴〉을 3천 달러 넘는 가격으로 팔 수 있었던 것은 그 정도 돈을 주고 사는 사람이 있었기 때문이다. 반대로 여러 사정으로 팔기 어려운 티켓은 높은 할인율을 적용해 판매한다. tkts에서 싸게 파는 표는 거의 대부분 아직 팔리지 않은 당일 티켓이다. 시야 방해석이나 연결되지 않은 단독 좌석, 판매가 부진한 공연 등의 표가 tkts에 풀린다. 팔기 어렵다고 자리를 비워놓으면 그만큼 손실을 보는 셈이다. 공연에 임박한 표를 저렴한 가격으로라도 판매하면 그만큼 매출이 나온다. 비싸게 팔든 높은 할인을 적용하든 모든 판단은 수익을 극대화하기 위한 것이다.

이런 가격 책정 방식을 '다이내믹 프라이싱Dynamic Pricing(티켓 가격 변동제)'이라고 한다. 항공권이나 호텔을 예약할 때 우리가 경험하는 방식이다. 비행기표를 구할 때 시기가 임박하거나 좌석의 위치가 좋으면 가격이 올라간다. 조금 더 싼 가격을 지불하기 위해 미리 표를 사본 경험이 다 있을 것이다. 비행기 티켓을 이런 방식으로 파는 이유는 한정된 좌석에서 빈자리를 줄이고 최대 매출액을 얻기 위해서다.

브로드웨이 뮤지컬도 마찬가지다. 2011년 초연한 〈북 오브 몰몬 The Book of Mormon〉이 다이내믹 프라이싱으로 대박을 낸 첫 사례다. 이 작품은 원래 가장 좋은 등급인 오케스트라석 최고가가 250달러였다. 그러나 작품을 오픈하고 폭발적인 인기를 얻자 제작사는 가격 체계를 변동시켰다. 공연일까지 남은 기간에 따라 이틀 미만이면 477달러, 2~4일이면 427달러, 4일 이상이면 252~352달러로 가까울수록 비싸게 책정한 것이다. 당시 브로드웨이에서 비슷한 등급의 티켓 가격은 120~140달러 수준이었다. 〈북 오브 몰몬〉은 이런 정책으로 비교적 적은 좌석을 가진 극장에서 다른 경쟁 뮤지컬을 제치고 주간 판매액 1위를 달성하는 기염을 토해낸다.

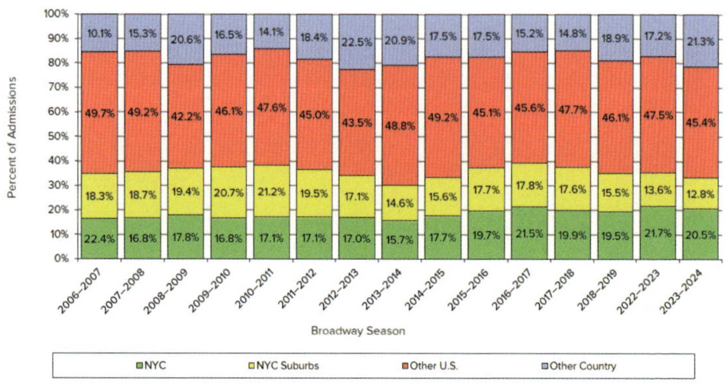

브로드웨이 관객 주거지역(출처: The Demographics of the Broadway Audience 2023-2024 Season)

티켓 판매를 이렇게 유동적으로 할 수 있는 이유가 있다. 브로드 웨이에는 충분히 다양하고 많은 관객 수요가 존재하기 때문이다. 브로드웨이 대극장 41개의 통계를 살펴보자. 2023-2024 시즌 브로드 웨이 공연을 본 관객 중 뉴욕과 인근 주민이 차지하는 비중은 33.3% 밖에 되지 않는다. 나머지 2/3 정도는 국내 또는 해외 관광객들이다. 시장에 고정 관객보다 외부에서 유입되는 관객이 훨씬 많은 환경이다. 소비자층이 한정되어 있으면 가격 책정을 유동적으로 하기 어렵다. 적은 소비자가 가격 변동에 민감하게 반응하면 공급자가 유연하게 대처하기 힘들기 때문이다. 그러나 비싸게 팔아도, 혹은 급하게 내놓아도 구매를 할 새로운 소비자들이 나타나면 공급자는 다양한 판매 전략을 세울 수 있다.

브로드웨이 매출 규모는 점점 커져 2018-2019 시즌 기준 18억 3천만 달러 규모의 시장에 달했다. 코로나로 주춤했지만, 2023-2024 시즌엔 15억 3,900만 달러로 회복됐다. 41개 극장에서 이 정도 매출을 낸다는 것은 시장에 충분히 많은 소비자가 있다는 의미다. 이런 사실은 다양한 가격정책을 시도할 수 있는 배경이 된다. 게다가 대부분의 매출이 새로운 소비자에게서 나오기 때문에 일부 관객들에게 집중한 작품을 만들 이유가 없다. 브로드웨이에 새로 진입한 소비자를 붙잡을 수 있을만한 인기를 얻으면 그보다 좋은 일은 없다. 시장이 충분히 크고 새로운 소비자가 꾸준히 등장하기 때문에 가격 책정에도 유연할 수 있다.

오픈런 방식은 기간이 길어질수록 수익이 쌓이는 구조다. 수익이 조금씩 누적되고, 고정비용인 프로덕션 예산을 상쇄하다 일정 기간이 지나면 흑자로 전환된다. 이때가 지나 공연이 안정되면 투자 대비 수익률이 빠르게 늘어난다.

하지만, 오픈런 방식은 극장을 운영하는 입장에선 달갑지 않을 수 있다. 갑자기 공연을 멈출 경우 극장을 비워둬야 하기 때문이다. 극장 운영으로 수익을 내는 입장에서는 큰일이 아닐 수 없다. 그러나 브로드웨이는 시장이 크다 보니 작품의 공급도 많다. 브로드웨이는 계속 작품이 개발되고 꾸준히 트라이아웃이 진행되는 시장이다. 언제든 완성된 새 작품을 올릴 수 있는 준비가 되어있다는 의미다. 오픈런을 유지할 수 있는 이유는 수익을 극대화할 수 있기 때문이기도 하지만, 공연을 언제 멈춰도 그것을 대신해 극장에 올릴 작품들이 많기 때문이기도 하다.

아쉽게도 아직 한국 뮤지컬을 저렇게 판매할 수는 없다. 한국은 브로드웨이 수준의 여건이 갖춰져 있지 않다. 시장이 커졌다 해도 불특정 다수의 관객으로 확대된 시장이 아니다. 한국 내의 좁은 관객층에 집중해 경쟁하는 상황이다. 작품을 올릴 수 있는 극장이 부족하다는 문제가 늘 지적되긴 하지만, 오픈런을 할 수 있을 만큼 작품의 공급도 충분하지 않다.

게다가 폐막일을 정하지 않고 작품을 계속 공연하기 위해서는 그만큼 스케줄을 비울 수 있는 배우와 공연 인력도 필요하다. 작품 자체보다 스타 캐스팅에 기대는 작품이 많을수록 공연 기간에 제약을 받게 된다. 인기 출연자들은 작품이 끝나고 바로 다음 작품이 잡혀 있는 경우가 많다. 그만큼 스케줄 조정이 어렵다. 또, 우리나라 뮤지컬 소비자층은 그리 넓지 않고 가격 변동에 민감하다. 이들이 매출의 대부분을 차지하는 상황에서 다이내믹 프라이싱을 실행하기도 어렵다. 공급의 측면에서도 수요의 측면에서도 현재의 티켓 가격정책을 획기적으로 바꾸기는 어려워 보인다.

물론 브로드웨이 판매 시스템만이 정답은 아닐 것이다. 하지만 갈수록 제작비가 늘어나고 수지가 악화되는 것은 뮤지컬의 양적 성장은 물론 질적 향상도 방해한다. 제작비를 합리화하는 것과 함께 일정 수준의 수익을 얻을 수 있는 판매 구조를 만드는 것은 한국 뮤지컬의 성장을 위해 꼭 해결해야 할 숙제다.

최고급 문화 상품과
질병에 걸린 비용

사실, 한국 뮤지컬의 티켓 가격에 막대한 영향을 주고 있는 제3의 요인이 있다. 한국 시장에서 뮤지컬 특히 대극장 뮤지컬이 고급 문화 상품으로 받아들여진다는 점이다. 태생을 살펴보면 뮤지컬은 근본적으로 '대중 오락예술'이다. 하지만 한국에서는 쉽게 저변을 확대하기 어려운 고급 이미지를 가지고 있다. 그 추세는 더 강해져 뮤지컬이 점점 대형화, 고급화되어 가고 있다. 제작비가 상승하고, 티켓 가격도 함께 올라가고 있다. 영화 열 번 볼 비용을 한 번에 다 써야 하는 것이 뮤지컬이다. 스스럼없이 쓸 정도가 아니다. 아주 특별한 날을 기념해서 보는 것이 일반적인 소비 패턴이다. 그만큼 진입장벽이 높다.

뮤지컬 티켓 가격이 높게 책정된 것은 한국 시장을 연 2001년 〈오페라의 유령〉이 시발점이었다. 당시 한국 공연계에서 대형 뮤지컬 최고가 티켓 가격이 5만 원 수준이었는데, R석을 그 두 배인 10만 원을 받았다. 여러 서비스를 덧붙인 VIP 티켓은 15만 원이었다. 많은 신문지상에서 사치스러운 공연이라 비판했다. 그러나 당시 공연을 제작한 설도윤 대표는 의도적으로 명품마케팅에 집중했다. 그때까지 국내에 없던 '제작비 100억 원대 공연'이라고 명품에 대한 동경심을 자극했다. '나 이런 공연 보는 사람이야' 하는 심리 효과도 노렸다고 한다. 시장은 그대로 반응했다. 해외 대작이라 인정받아 없어서 못 파는 티켓이 되었다.

〈오페라의 유령〉 성공 이후 대극장 뮤지컬들은 이 사례에 따라 가격을 책정했다. 2000년 12월 공연했던 뮤지컬 〈명성황후〉는 최고가 티켓이 5만 원이었다. 그리고 〈오페라의 유령〉이 한창 화제가 되던 시기였던 2002년 3월, 〈명성황후〉를 다시 공연했다. 이때, 최고가 티켓 가격은 10만 원이었다. 1년 반도 안 지난 시점인데 가격이 두 배로 뛴 것이다. 공연장도 동일한 예술의전당 오페라극장이었다. 2001년 1월 공연한 〈지저스 크라이스트 수퍼스타〉도 최고가가 5만 원이었다. 2004년 11월에 다시 공연을 올렸을 때는 최고가 티켓이 12만 원으로 두 배도 넘게 뛰었다. 뮤지컬이 고급 문화 상품으로 완전히 자리 잡기 시작한 것이다. 그때 시작된 고가 티켓 정책은 오랜 기간을 거쳐 지금에 이르고 있다.

2001년 이후 뮤지컬 시장이 폭발적으로 성장한 것은 사실이다. 그러나 이 과정에서 소비자의 다양성을 확보하는 데는 실패했다. 예술경영지원센터에서 조사한 관객들의 인구특성을 보면 여성이 72.2% 이고 20~30대 관람객이 73.3%를 차지하는 편향된 시장이다. 더욱 특이한 점은 한 달에 1~3회 이상 관람하는 뮤지컬 마니아들이 전체 의 23.2%를 차지한다는 점이다. 한국 뮤지컬 시장이 양적인 팽창을 이루었으나, 새로운 소비층이 유입되고 저변이 넓어져 형성된 것은 아니었다. 좁은 범위의 관객층이 집중적으로 소비하는 쪽으로 발전 한 특이한 시장이 되었다. 비싼 관람료가 높은 진입장벽으로 작용한 탓이 크다.

최근에는 특정 뮤지컬을 반복해서 관람하는 '회전문 관객'들이 많 아지고 있다. 회전문을 돌듯 돌고 또 도는 반복적인 관람 형태를 빗 댄 말이다. 회전문 관객은 다른 공연 장르보다 특히 뮤지컬 현장에 서 많이 보인다. 같은 작품을 10~20번 이상 관람하는 충성도 높은 고객이 흔하다. 이들이 구매하는 티켓 매출이 불특정 다수의 관객보 다 더 많다. 상황이 이러니, 뮤지컬 제작자들은 핵심 고객인 반복 구 매층의 취향에 맞는 작품을 만들 수밖에 없다.

좁은 관객을 대상으로 만들어진 시장에 스타를 향한 팬덤이 큰 영 향을 준다. 한국 뮤지컬이 발전해 오는 동안 역사에 큰 획을 긋는 걸 출한 배우들이 등장한다. 이들은 엄청난 인기몰이를 했고, 그 여세 로 시장은 폭발적으로 성장했다. 그러나 시장의 성장이라는 긍정적 인 효과와 함께 제작비의 상승도 부채질했다. 너도나도 대형 스타를 캐스팅하기 위해 배우 출연료가 급상승했다. 이 영향은 바로 티켓 가격으로 나타났다. 시장에 티켓파워를 가진 새로운 스타가 등장하면 가격이 이전 시즌보다 더 올라가는 일이 반복됐다.

　배우 출연료 문제는 언제나 뜨거운 감자다. 조승우는 이미 이 문제로 큰 홍역을 치렀다. 2006년 〈지킬 앤 하이드〉 재연 당시 회당 출연료가 1천만 원이라는 사실이 언론에 노출된 것이다. 2010년에 같은 작품에 출연했을 때는 회당 1,800만 원에 계약했다는 사실도 공개됐다. 4년 사이에 임금이 80% 상승한 셈이다. 2010년이면 대극장 뮤지컬 작품 회당 제작비가 4천만 원 정도였을 때다. 단순 계산으로 한 회 제작비의 절반 가까이를 한 사람이 가져가는 것이다. 물론, 그가 모든 회차에 출연한 것은 아니다. 그가 일방적으로 출연료를 높여 요구한 것도 아니다. 그럼에도 조승우 배우는 이 기사들 때문에 자신의 입장을 공개석상에서 여러 번 해명하는 고초를 겪었다.

　그가 많은 돈을 받은 것은 사실이다. 그러나 제작자가 한 배우에게 그 정도 액수를 준다는 사실은 그만큼의 효과가 있다는 것을 반증한다. 인기 배우를 캐스팅한 것으로 엄청난 마케팅 효과가 나온다. 배우 자체가 작품의 질을 의미하기도 한다. 다른 제작비 요소에 투입을 하는 것보다 배우에게 투자를 하는 것이 매출을 올리는 데 더 도움이 된다는 계산이 나온다. 배우 출연료는 언제나 민감한 문제여서 정확히 어떤 배우가 얼마나 받는지 공개되지 않는다. 하지만 최근 몇몇 유명 배우들은 회당 수천만 원 이상을 받는 것으로 알려져 있다. 그사이 출연료가 다시 엄청나게 상승한 것이다.

　안타깝지만, 배우 요소로 이끌어 가는 한국 뮤지컬 시장의 성장에 어느 순간부터 한계가 나타나기 시작했다. 극장이 늘어나고 동시에 선택할 수 있는 작품의 수가 늘어나면서 캐스팅 경쟁이 더 치열해졌다. 티켓 매출에 영향을 주는 배우들에게 더 높은 출연료를 불러야 했다. 스타들의 출연료가 오르자 그 영향으로 배우 개런티가 전체적으로 상승했다. 점점 제작비가 올라가기 시작했다. 이것을 상쇄하려면 티켓 가격을 올리고 높은 등급의 좌석 수를 늘리는 수밖에 없다. 그러나 그것도 한계가 있어서 올라간 제작비를 따라잡지 못하고 있다. 그만큼 제작사의 부담이 커지고, 부실화 우려가 커지고 있다.

무대에서 실시간으로 관객과 만나는 장르인 공연은 '비용 질병cost disease'이라는 저주를 받는다. 음악, 연극, 무용, 오페라 등의 공연예술 콘텐츠는 노동집약적 재화다. 배우나 음악가의 행위 자체가 상품이니, 노동이 재화의 핵심이다. 따라서 다른 산업 분야와 달리 비용 즉 인건비 상승 요인은 강하지만 기술혁신이 어려워 생산성은 증대되지 않는다. 제조업과 비교해서 생각해 보자. 물건을 찍어내는 공장에서 기술혁신이 일어나면 생산 단가가 낮아지고 생산량도 늘어난다. 규모의 경제가 이뤄지면 수익이 급격하게 늘어난다. 공연도 하나의 상품이다. 이 때문에 공연 생산자가 생산성을 높이려면 기술혁신을 이뤄야 한다. 그런데 공연은 예술가의 실시간 퍼포먼스가 상품인데 어떻게 기술혁신을 이루고 생산성을 높인단 말인가?

결국 공연 분야는 생산성은 늘어나지 않으나 제작비의 큰 비중을 차지하는 인건비는 꾸준히 오르게 마련이다. 비용은 계속 늘어나는데 그만큼 생산량이 받쳐주지 못하면 제대로 된 가격에 팔 수 없다. 결국 점점 수익을 내지 못하는 구조로 악화된다. 이렇게 생기는 재정문제가 만성화되며 공연이 질적으로 저하된다. 이것이 공연이라는 재화가 필연적으로 가지는 비용 질병이다.

2008년부터 2017년 10년간 대극장 뮤지컬의 회당 제작비를 분석해 보면 2008년 대비 143.77%를 나타내 약 1.45배 증가했다. 여기서 제작비를 항목별로 살펴보면 증가분을 견인한 요소를 알 수 있다. 이 기간 가장 많이 상승한 것은 배우 출연료였다. 상승률이 345.52%로 조사 초기보다 세 배 넘게 증가했다. 다른 제작비 요소는 큰 변동이 없는 추세였다. 오히려 작품개발비는 2008년 대비 45.09%를 나타내어 반 토막이 났다. 배우 출연료가 한국 뮤지컬 제작에서 비용 질병 현상을 부추기는 가장 큰 요인인 셈이다. 안타깝게도 작품의 질적 측면과 밀접한 관련이 있는 요소들이 반대급부로 희생되고 있다는 것을 보여준다.

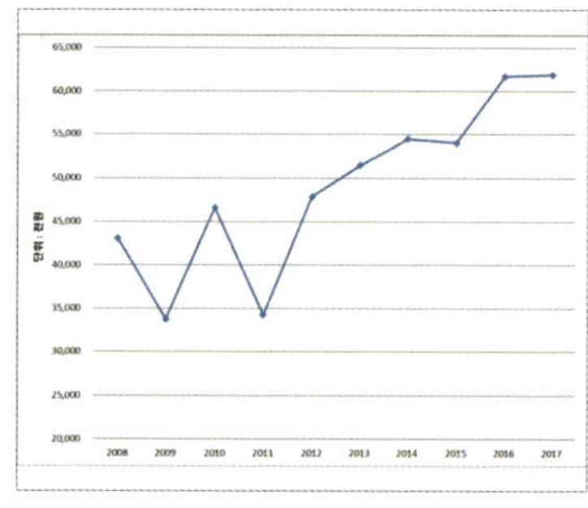

2008~2017년 회당 제작비 변화 추이

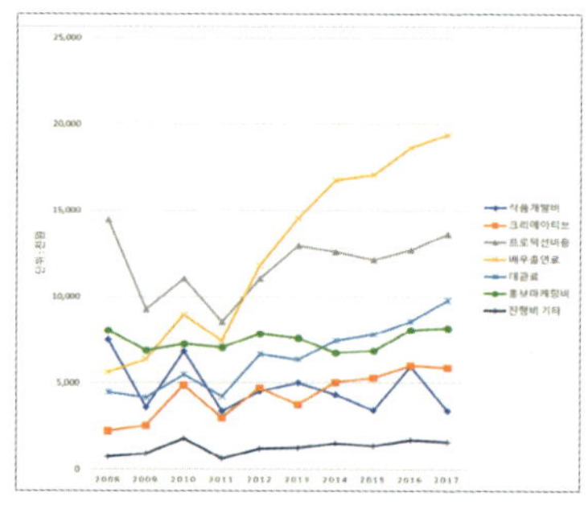

2008~2017년 뮤지컬 제작비 항목별 변화 추이

한국 뮤지컬의 출연료 비율은 해외와 비교해도 높은 편이다. 2016-2017 시즌 한국과 브로드웨이의 제작비 구조를 비교해 보면 인건비, 대관비, 광고 홍보비, 행정/운영비, 사전 제작비 등 항목별 구성 비율은 유사하다. 그러나 인건비 항목만 따로 떼서 분석해 보면 얘기가 달라진다. 브로드웨이에서는 총인건비 중 출연료의 비율이 15~30% 정도지만 한국에서는 77.72%라는 절대적인 비중을 차지한다. 비용 질병은 인건비 상승이 원인인데, 한국 뮤지컬의 경우 절대적인 비율을 차지하는 배우 출연료가 원인이 된다는 뜻이다.

국내외를 막론하고 공연의 비용 질병 문제를 뛰어넘기 위한 노력이 있었다. 대표적인 것이 공연을 영상으로 만들어 관객에게 보여주는 것이다. 공연 영상은 복제할 수 있기 때문에, 인건비가 핵심인 비용 질병 문제에서 자유롭다. 생산량도 늘릴 수 있고 배급도 편리해져서 규모의 경제를 이룰 수 있다. 기술혁신의 수혜를 받을 수도 있다. 이런 이유로 공연 실황을 촬영해 극장에서 보여주는 일은 과거부터 있어왔다. 디지털 매체가 발달하고, 온라인 배급이 가능해지자 더 다양한 시도들이 생겨났다. 공연 스트리밍, VOD 서비스, 공연 전후 준비 상황 영상 서비스 등 다양한 콘텐츠가 나타났다.

영국의 국립극장의 'NT Live', 뉴욕 메트로폴리탄 오페라단의 'The Met Live' 등은 고품질의 공연 영상을 스트리밍해 디지털 전환^{Digital Transformation} 성공 사례로 자주 언급되었다. 한국도 가만히 있지 않았다. 많은 예술단체, 극장들이 이 대열에 참여했다. 영화화, 스트리밍, VOD 등 다양한 시도를 했다. 하지만, 안타깝게도 성공한 사례로 정착하진 못했다. 영상으로 만나는 공연은 아무래도 현장성을 느끼기 힘들다. 공연을 직접 볼 때 전달되는 감성이나 예술가의 에너지는 영상에서 보여주기 어렵다. 이에 따라 관객들 또한 실제 작품과 다른 콘텐츠로 받아들였고, 크게 호응을 얻지 못했다. 결국 한동안 업계에 화두였던 디지털 전환은 회의적인 시선을 받게 되었다.

이렇게 실패한 모델로 잊히던 공연 영상화는 코로나19 팬데믹을 만나 새로이 조명받는다. 감염병이 퍼지며 다수 대중이 모이는 극장은 직격탄을 맞았다. 상황이 언제 끝날지 보이지 않았다. 그대로 지속되면 공연계가 끝장날 것 같았다. 이때 대안으로 등장한 것이 비대면 관람이었다. 공연의 실황 중계 티켓이 팔렸고, 인기작 뮤지컬을 촬영해 영화로 만들어 배급했다. 공연 관람에 목말랐던 애호가들이 영상을 찾아 관람하기 시작했다. 극장에 가서는 만날 수 없는 무대 뒤 준비 장면, 배우들의 출퇴근길 인터뷰 등도 서비스되었다. 제작자들이 영상으로 특화할 수 있는 콘텐츠를 적극적으로 찾아 나선 것이다. 생존을 위한 노력이 기술과 콘텐츠의 발전으로 이어졌다.

코로나가 끝난 이후에도 뮤지컬의 영상화 작업은 계속되고 있다. 공연 실황을 극장에서 볼 수 있게 되었다. 〈몬테크리스토〉, 〈팬텀〉, 〈웃는 남자〉, 〈프랑켄슈타인〉 등 인기작들이 극장에 걸렸다. 이 영상들은 꾸준히 인기를 얻었고, 그 여세를 몰아 글로벌 OTT 서비스에도 올라갔다. 이젠 시간과 공간의 제약도 없고 비싼 관람료의 부담도 없이 뮤지컬을 관람할 수 있게 된 것이다. 1980년대, 공연을 직접 보기 어려울 때 TV를 통해 뮤지컬 감성을 키울 수 있던 것과 같은 맥락이다. 아직 뮤지컬에 익숙하지 않은 소비자들이 적은 비용으로 뮤지컬 시장에 진입할 수 있게 되었다. 애호가들은 언제든 원하는 작품을 볼 수 있게 되었다. 제작자는 또 다른 수익원이 생기는 효과가 있을 것이다. 한국 창작뮤지컬을 해외에 쉽게 알릴 수 있는 방법도 될 것이다.

나아가, 공연 원작을 영화 문법으로 재해석한 작품들도 나오기 시작했다. 영화 〈영웅〉은 동명의 뮤지컬 작품을 영화화한 것이다. 이런 변화는 한국 뮤지컬 콘텐츠가 발전하고 있다는 긍정적인 신호다. 이미 할리우드에서는 공연 원작을 영화로 재해석해 세계적인 흥행작을 만들고 있다. 영화 〈시카고〉, 〈레미제라블〉, 〈알라딘〉, 〈위키드〉 등은 공연장에서 볼 수 없는 스펙터클, 영상 효과 등으로 신선한 충격을 줬다. 비용 질병을 넘어서서 새로운 시장을 개척했다. 큰 성공으로 전 세계를 아우르는 규모의 경제를 보여줬다. 한국 뮤지컬도 이런 움직임이 시작된 것이다.

아직은 뮤지컬의 영상화나 디지털 전환이 모든 것의 해결책은 되기 어렵다고 생각한다. 앞서 지적되었던 공연의 현장성 문제는 완전히 해결될 수 없다. 영상화된 작품이 현장의 뮤지컬과 동일한 콘텐츠로 받아들여질 수 있을지에 대한 의문이 남아있다. 뮤지컬을 영상화하는 방법도 아직은 완숙한 상태가 아니다. 나아가, 공연 제작자 입장에서 실제 공연 없이 영상만으로 유의미한 수익원을 만들 수 있을까 하는 문제도 있다.

이런 상황을 종합해 볼 때, 한국 뮤지컬의 영상화는 실제 작품과 영상이 서로 시너지를 낼 수 있는 방향을 모색하는 단계 정도로 생각된다. 뮤지컬 영상의 인기가 비용 질병 문제를 완화하고 티켓 가

격의 인하에 도움을 줄 수 있을지도 알 수 없다. 공연장에 올려지는
뮤지컬의 비용 질병 문제는 그 나름의 해법을 고민하는 노력이 필요
하다.

한국의 티켓 가격은 적정한가? 

앞서 본 것처럼 뮤지컬 제작비는 점점 늘어나고 판매 가능한 티켓의 양은 한정되어 있다. 티켓을 팔아 손실을 피하고 수익을 내기 위해서는 가격을 올리는 수밖에 없다. 점점 비싸지는 제작비를 상쇄하기 위해 현재 VIP와 R석이 전체 좌석의 70%에 육박하고 있다. 일부 공연은 VIP 등급이 전체의 절반을 차지하기도 한다.

티켓당 가격도 점점 올라 2025년 현재 대극장 작품 최고 등급 티켓 가격으로 19만 원이 일반화되기 시작했다. 브로드웨이 2023-2024 시즌 평균 티켓 가격은 154.70달러였다. 한국 최고가 티켓 가격이 브로드웨이 평균가에 근접해 있다. 한국은 VIP석 비중이 높은 만큼 평균 가격이 VIP 가격의 절반 이하로 떨어지지 않는다.

여기에 관람객의 소득 수준을 대입해 보면 조금 황당한 결과가 나온다. 브로드웨이 관객의 연평균 가구 수입은 27만 6,375달러였다. 2024년 한국 월평균 가구 수입은 544만 원이었다. 1년 치로 환산하면 6,528만 원이고, 1,400원 환율로 계산하면 4만 6,629달러이다. 미국이 약 5.9배 많다. 물론, 한국에서 공연을 보는 관람객의 소득만 조사하면 저 수치가 달라질 수 있을 것이다. 그렇다 하더라도 그 차이가 많이 좁혀질 것 같지는 않다. 티켓 가격은 비슷한데 소득 수준은 1/5도 안 된다는 뜻이다. 브로드웨이와 비슷한 비율로 계산해 한국 소득 수준에 맞게 티켓 가격을 책정하면 황당할 정도로 낮은 가격이 된다.

일본의 티켓 가격은 참고해 볼만하다. 일본의 티켓 가격은 한국보다 비교적 저렴하다. 한국의 창작뮤지컬 〈엑스칼리버〉는 2021년 공연에서 VIP석 가격으로 15만 원을 받았었다. 이 작품은 일본의 다카라즈카 가극단이 수입해서 공연한 적이 있다. 2023년 공연 당시 일본 〈엑스칼리버〉 최고 등급 티켓 가격은 1,250엔이었다. 환율 900원으로 계산하면 11만 2,500원 정도다. 뮤지컬 〈물랑루즈〉는 2022년 한국 초연 당시 VIP등급을 사상 최고가인 18만 원을 책정하여 논란을 겪었다. CJ가 제작에 참여하여 브로드웨이에서 큰 성공을 거둔 작품이라 환영을 받았지만, 비싼 가격에 대한 비판을 피할 수 없었다. 〈물랑루즈〉는 그다음 해인 2023년 일본에서도 공연되었다. 일본 현지 최고 등급 티켓 가격은 평일 1만 7,000엔, 주말 1만 7,500엔이었다. 한화로 환산하면 15만 3,000원, 15만 7,500원이다.

일본의 뮤지컬은 한국 못지않게 화려하고 규모도 크다. 제작에 필요한 항목별 비용 대부분이 한국보다 결코 적지 않을 것이다. 일본의 인건비나 물가 수준이 한국보다 낮은 것도 아니다. 최근 한국 경제가 성장하여 소득 수준이 일본을 추월하긴 했으나, 일본은 그 이전 시기 항상 한국보다 소득과 물가 수준이 모두 높았다. 뮤지컬을 관람하는 비용 수준도 그에 맞춰 책정되어 왔다. 그런데도 한국보다 낮은 티켓 가격을 유지할 수 있는 것은 제작비를 구성하는 데 우리보다 저렴한 비용 요소가 있다는 뜻이다.

조금 조심스럽지만, 이 가격 차이는 스타 시스템에 기대지 않는 마케팅이 영향을 준다고 생각한다. 일본은 한국보다 유명 배우 출연에 마케팅 역량을 집중하지 않는다. 대부분 극단에 전속 배우가 있고, 작품당 출연료가 아니라 월급을 받아 생활한다. 이들이 출연하기 때문에 제작사 간 개런티 경쟁을 할 필요가 없다. 특정 배우에게 높은 출연료를 줄 일도 없어진다. 물론 일본식 환경에 맞춘 시스템을 한국과 동일 선상에 놓고 비교하기 어려울 수 있다. 일본의 제작비를 완전히 분석해 본 것도 아니어서 이 주장에는 한계가 있을 수 있다. 하지만 시사하는 바는 분명히 보인다.

지금까지 제작비를 산정하고 그것에 맞게 티켓 가격을 결정하는 과정을 따라가 보았다. 이 과정을 통해 현재 한국의 뮤지컬 관람료가 이렇게밖에 책정될 수 없다는 것을 조금 더 이해하셨길 바란다. 제작비도, 좌석 수도, 공연 기간도 일정 수준으로 정해진 조건에서 제작자가 가격을 더 낮추기는 어려워 보인다. 그러나 우리 소득 수준에 비해 가격이 비싸게 느껴지는 것은 사실이다. 시작점부터 고급 공연으로 시작한 뮤지컬이 긴 시간을 지나 지금에 이르고 있다. 이런 콘텐츠로 자리 잡으며 스타 시스템에 기대어 제작비가 점점 늘어난 결과다.

이 상태 그대로 합리적인 것일까? 뮤지컬은 밖에서 보기엔 한없이 화려한 세계로 보인다. 그러나 높은 제작비 때문에 손실이 쌓여 어려움을 겪는 제작사가 늘어나고 있다. 관객들도 비싼 관람료를 반갑게만 생각하지 않는다. 이 문제의 해결을 위해 브로드웨이의 장점이 이곳에 구현되길 바라는 업계 전문가들이 많다. 이렇게 되려면 불특정 다수가 계속 진입하는 생동감 있는 시장이어야 한다. 티켓 가격도 이 관객들이 생각하는 합리적인 수준이 돼야 선순환이 가능해진다. 이렇게 새로운 소비자가 시장에 활발히 진입해야 시장의 파이가 커진다. 매출이 늘어나면 공급량 즉 공연 가능한 작품의 수와 극장도 늘어날 수 있다. 현재 한국 상황을 당연한 것으로 받아들이는 것이 최선은 아니다. 제작자와 소비자 모두 합리적인 방향으로 갈 수 있도록 공감대를 찾아야 할 일이다.

08

한국 뮤지컬의 파워맨은 누구인가?

파워맨을 찾아라　　　　　　　　　　　　　★

K팝은 누가 움직일까? SM을 일궈낸 이수만 프로듀서, JYP를 만든 박진영 대표, 하이브나 YG도 같이 떠오를 것이다. 한국 대중음악 제작 시스템을 만들어 내고 차근히 세계에 알린 사람들이다. 영화는 어떤가? 아카데미를 흔들어 놓은 봉준호 감독, 이미 거장이 된 박찬욱 감독이 생각난다. TV에서는? 예능계의 스타인 나영석, 김태호 같은 PD들, 드라마를 쥐락펴락하는 김은숙, 김은희 등 작가들이 거론되지 않을까? 이들이 만드는 콘텐츠는 묻지도 따지지도 않고 일단 봐야 하는 화제작이 된다. 투자자들이 몰리고, 협찬과 광고 상품이 줄을 선다. 함께 일하고 싶어 하는 연예인들이 러브콜을 보낸다. 그들이 움직이는 방향을 따라 그 분야가 움직인다. 말 그대로 업계의 파워맨이다.

그렇다면 누가 한국 뮤지컬을 움직이나? 이 질문을 받으면 아마 이 글을 읽고 있는 독자들의 9할 이상 머릿속이 하얘지지 않을까? 파워맨은커녕 '누가 뮤지컬계에서 일하나?'를 먼저 고민할 것이다. 그나마 떠올릴 수 있는 사람은 조승우, 김준수, 옥주현처럼 인지도 있는 배우들 정도일 것이다. 최근 토니상 수상자로 핫한 박천휴 작가를 떠올릴 수도 있다. 이보다 좀 더 관심이 있다면, 매체에 자주 등장하는 김문정 음악감독, 한동안 뮤지컬을 대중에게 알렸던 박칼린 감독 정도가 생각날 것이다. 자, 그럼 다른 분야에서처럼 질문을 해볼 타이밍이다. 저들 중 누가 움직이면 투자자, 광고, 일할 사람들이 몰릴까? 누가 움직이면 뮤지컬이 그 방향으로 갈까?

어느 분야든 돈과 사람이 모이면, 그곳에서 누가 가장 영향력 있는 사람인지 생각을 하게 된다. 뮤지컬 시장이 급격히 성장할 때, 같은 궁금증을 가진 사람이 많았던 것 같다. 2007년, 뮤지컬 전문 잡지인《더 뮤지컬》과《동아일보》가 이 질문에 답을 찾아 나섰다. 뮤지컬 각 분야 종사자 126명에게 설문지를 돌려 91명에게 답을 받았다. 설문에 응한 사람들에는 뮤지컬 제작사, 기획사, 투자사, 공연장, 배우, 스태프 등이 포함됐다. 가장 영향력 있는 인물이나 단체를 주관식으로 적는 열네 개 문항으로 되어있었다. 문항당 세 명의 인물 또는 단체를 답하도록 해서 1위부터 3위까지 3, 2, 1점의 가중치를 주고 합산해 결과를 냈다.

1위는 〈오페라의 유령〉 초연을 들여오고, 이후 굵직한 해외 작품을 제작한 설도윤 대표가 차지했다. 〈영웅〉, 〈명성황후〉 같은 창작

순위	이름		점수
1	설도윤	설앤컴퍼니 대표	122
2	윤호진	에이콤인터내셔널 대표	94
3	박명성	신시뮤지컬컴퍼니 대표	91
4	조승우	배우	60
5	김병석	CJ엔터테인먼트 공연사업부장	18
6	김주성	CJ엔터테인먼트 대표	14
7	김의준	LG아트센터 대표	12
	원종원	순천향대 교수(뮤지컬 평론가)	12
9	송승환	PMC 대표	11
	신춘수	오디뮤지컬컴퍼니 대표	11

《더 뮤지컬》, 《동아일보》 조사 2007년 뮤지컬계 가장 영향력 있는 인물 톱10

뮤지컬의 기수 윤호진 대표가 2위, 〈시카고〉, 〈맘마미아〉 등 화제작을 제작하는 박명성 대표가 3위에 올랐다. 4위를 차지한 조승우 배우와 합산 점수 차이가 꽤 벌어진 결과였다. 10위 안에 든 인물 중 여덟 명이 공연 제작과 투자에 관련된 인물들로 뽑혔다. 어쩌면 당연한 결과였을 것이다. 2001년 뮤지컬 시장이 열린 지 만 6년이 지난 시점이었다. 저 리스트에 이름을 올린 사람들은 불모지나 다름없던 한국 뮤지컬계를 일구어 낸 대표적인 인물들이다. 2004년 뮤지컬에 데뷔해 엄청난 인기를 모은 조승우 배우를 빼면, 기사의 제목처럼 '한국 뮤지컬을 움직이는' 파워맨으로 대부분 제작자들을 뽑은 결과였다. 그들이 들여오거나 창작하는 작품이 바로 뮤지컬 시장이었던 셈이다.

재미있게도 《더 뮤지컬》과 《동아일보》는 4년이 지난 2011년 같은 조사를 한 번 더 실시했다. 총 100명에게 설문지를 보내 77명의 답

순위	이름		점수
1	조승우	배우	96
2	김병석	CJ E&M 음악공연사업부문 대표	53
3	송승환	PMC 대표	49
4	윤호진	에이콤인터내셔널 대표	39
5	설도윤	설앤컴퍼니 대표	36
6	박명성	신시뮤지컬컴퍼니 대표	31
7	신춘수	오디뮤지컬컴퍼니 대표	26
8	김준수	배우	19
9	김양선	인터파크INT E&T 부문 대표	16
10	이지나	연출가	13

《더 뮤지컬》, 《동아일보》 조사 2011년 뮤지컬계 가장 영향력 있는 인물 톱10

을 받았다. 결과는 미묘하게 달라져 있었다.

가장 큰 변화는 1위로 배우인 조승우가 뽑혔다는 사실이다. 합산 점수도 2위인 김병석 CJ E&M 대표와 거의 두 배 가까이 차이가 났다. 당시 뮤지컬 시장에서 CJ E&M의 투자 없이 공연을 올릴 수 있는 대극장 작품은 없었다. 업계의 돈줄의 쥐고 있던 사람이 김병석 대표였던 셈이다. 그럼에도 조승우 배우가 큰 격차로 가장 영향력 있는 파워맨으로 선정되었다. 또, 8위 자리에 김준수 배우의 이름이 올라있다. 김준수 배우는 2010년 〈모차르트!〉로 뮤지컬에 데뷔한 지 1년이 좀 지난 시점이었다. 데뷔 이후 실문 조사 때까지 〈천국의 눈물〉과 〈모차르트!〉 재연에 더 출연한 이력이 전부였다. 단 세 작품만으로 뮤지컬계를 움직이는 인물 8위가 된 것이다.

기사에는 조승우 배우가 1위로 꼽힌 것이 "예상했던 결과"이며 "스타 캐스팅이 시장을 이끄는 지금 한국 뮤지컬 시장의 현실을 보여준다"는 관계자들의 말을 인용하고 있다. 달리 말하면, 조승우 배우가 움직이는 방향으로 뮤지컬계가 나아간다는 뜻이다. 물론, 4년 전 조사에 이름을 올렸던 제작자와 투자자 중 여섯 명이 건재하게 이름을 올리고 있긴 하다. 티켓을 판매하는 플랫폼의 힘을 보여주듯 김양선 인터파크 대표도 새로 이름이 들어있다. 그러나 이들의 파워가 조승우 배우에 못 미친다는 결과가 아닌가? 심지어 이 조사가 일반인이 아닌 업계에서 일하는 전문가들을 통해 얻은 결과 아닌가? 게다가 김준수 배우는 세 작품, 그것도 초연과 재연을 포함한 출연만으로 티켓 판매사 대표보다 큰 영향력을 지녔다고 평가된 것 아닌가? 도대체 4년 동안 무슨 변화가 있었단 말인가?

개척자,
제작자들

앞서 잠깐 얘기한 것처럼, 2001년 이후 뮤지컬 불모지 한국을 완전히 바꿔놓은 것은 제작자들이었다. 두 번의 설문조사에 모두 등장한 제작자들 즉 윤호진, 송승환, 설도윤, 박명성, 신춘수 다섯 명이 괜히 꼽힌 것이 아니다. 이들이 만들어 낸 작품을 살펴보면 한국에 뮤지컬 시장이 어떻게 기반을 잡게 되었는지 알 수 있게 된다.

2001년 〈오페라의 유령〉 이전 제대로 된 대극장 뮤지컬을 봤다면, 그 작품은 〈명성황후〉였을 가능성이 아주 높다. 1995년이었다. 한국에 뮤지컬을 전문으로 만들 인력이 없을 때였다. 극에 맞는 대본도, 음악도, 연출 경험도 제대로 해본 사람이 없었다. 이런 사람들 중 능력이 있는 사람을 찾아내고 참여를 설득해야 하는 일이었다. 뭐가 튀어나올지 모를 망망대해로 함께 모험을 떠날 사람을 찾는 것과 같다. 얼마나 힘들고 피곤한 과정이었을까 상상하기도 어렵다. 심지어 〈명성황후〉 초연을 올린 극장은 예술의전당 오페라하우스였다. 지금도 한국에서 가장 큰 극장에 속한다. 그 큰 공간을 무리 없이 채우고 관객의 집중력을 놓치지 않도록 작품을 만드는 일은 그 당시 거의 불가능에 가까웠을 것이다. 그런데, 자신의 열정만으로 대성공을 일궈낸 사람이 있다. 바로 윤호진 대표다. 〈명성황후〉는 한국에서도 대극장 뮤지컬을 만들어 성공할 수 있다는 것을 보여준 첫 사례다.

〈난타〉라는 공연을 못 들어본 사람은 없을 것이다. 네 명의 요리사들이 등장해 신나게 두드리고 노는 공연이다. 이 작품은 해외 관객까지 사로잡아 한국을 대표하는 콘텐츠로 꼽힌다. 1997년의 일이다. 〈난타〉는 한국의 사물놀이나 마당극 형식을 발전시켜 말없이 신나게 노는 공연으로 만들겠다는 아이디어를 성공적으로 구현한 작품이었다. 이 작품 이전, 한국 공연계에는 장기 흥행 개념이 없었다. 며칠 혹은 몇 주간의 짧은 공연 기간이 한계였고, 그 시간 동안 관객을 잘 끌어모으면 성공한 작품이었다. 〈난타〉는 상설공연장이 생길 정도의 장기 수익 모델을 창출했다. 〈난타〉는 국내는 물론 해외 관광객들이 반드시 봐야 하는 공연 상품으로 대성공을 거둔다. 한국에서도 잘 만든 공연으로 꾸준히 돈을 벌고 성공할 수 있다는 실제 사례다. 〈난타〉가 이후 공연시장에 미친 영향은 지대하다. 이 작품을 기획하고 만들어 낸 사람이 송승환 대표다.

〈오페라의 유령〉 한국 초연은 여러 번 거론한 것처럼 한국 뮤지컬 시장을 만들어 낸 작품이다. 이 작품은 사전 제작비만 50억 원이 넘게 들었다. 총제작비는 150억 원이었다. 지금이야 100억 원이 넘는 뮤지컬 작품이 흔하지만, 당시 상황에서 미리 사전 제작비로만 50억 원을 투자받는 것은 거의 불가능한 일이었다. 흥행이 될지 모를 뮤지컬이라는 장르에 피 같은 돈 50억 원을 누가 투자한단 말인가? 하지만 자신의 제작 경험과 시장 예측을 통해 밀어붙인 사람이 있다. 설도윤 대표였다. 그 이후 벌어진 일은 지금 우리가 겪고 있는 현실이 되었다.

2001년 뮤지컬 시장은 폭발하듯 열렸다. 관객들은 서구에서 들어온 신나는 명품 공연에 열광했다. 엄청난 규모의 수요가 생겼으니, 그에 맞는 공급이 있어야 했다. 누군가 새로운 작품을 발굴해 선보여야 할 타이밍이었다. 그때 바로 〈시카고〉, 〈맘마미아!〉 같은 작품들이 무대에 올랐다. 시장이 막 생기는 시점에 고품질의 공연이 제공되지 않았다면, 그 열기는 금방 가라앉았을 것이다. 이렇게 들여온 작품들은 다시 관객들의 환호를 이끌어 냈고, 시장은 성장세를 이어갔다. 그러나 해외에서 이름난 공연을 가져오는 일은 결코 쉽지 않다. 들어보지도 못한 한국이라는 나라에, 게다가 작품을 제대로 만들 역량이 있는지, 수익을 낼 수 있을지 모를 타국의 제작자에게 작품을 맡길 원작자들이 누가 있겠는가? 이때 맨땅에 헤딩하듯 브로드웨이를 두드려 작품을 들여오는 사람들이 있었다. 그 대표적인 제작자가 박명성 신시컴퍼니 예술감독이다.

뮤지컬 〈시카고〉 2024년 공연 사진(신시컴퍼니 제공)

박명성 예술감독(신시컴퍼니 제공)

〈지킬 앤 하이드〉는 브로드웨이 원작을 뛰어넘어 한국 관객의 정서를 완전히 휘어잡는 데 성공한 첫 사례다. 이 작품 이전 한국의 해외 뮤지컬은 원작의 형태를 그대로 유지해 선보이는 레플리카 공연이 대세였다. 그러나 〈지킬 앤 하이드〉는 해외 뮤지컬을 한국 실정에 맞게 개작하는 논 레플리카 제작의 큰 흐름을 열었다. 해외에서 성공한 것도 아니고, 한국에 이름이 알려지지도 않은 작품이었다. 모두들 '저게 되겠어?'라고 의심했다. 그러나 개작의 가능성을 믿고 재창조 수준으로 작품을 만들었다. 그리고 엄청난 흥행을 일구어 냈다. 이 작품 이후 한국 시장에는 논 레플리카 작품이 눈에 띄게 많아졌다. 이 흐름을 만든 장본인이 신춘수 대표다.

<지킬 앤 하이드> 초연 포스터
(오디컴퍼니 제공)

신춘수 대표
(오디컴퍼니 제공)

설문조사에 거론된 다섯 사람의 작품들을 잠깐 살펴보는 것만으로도 한국 뮤지컬 역사를 꿰뚫어 볼 수 있다. 마음속에 웅장함이 느껴진다. 이들뿐 아니라 수많은 제작자들이 새로운 공연 장르, 더 나은 작품을 만들기 위해 피땀 흘렸다. 뮤지컬의 개념이 정립되기 이전부터 시장이 폭발적으로 성장하는 순간까지 이들 제작자 없이는 존재하지 않는 시간들이었다. 한국의 뮤지컬 제작자들이 공연시장에 미친 영향은 결코 과소평가할 수 없다. 지금 우리가 경험하는 작품들, 완성도, 제작 시스템, 극장 운영의 방향 등 모든 것이 이들에 의해 만들어졌다 해도 과언이 아니다.

이들이 등장하기 이전엔 공연계에 제대로 된 '제작' 개념이 거의 없었다. 제작은 여러 의미로 정의할 수 있을 것이다. 추상적인 의미를 걷어내고 실제 공연을 만드는 관점에서 보면, 제작이란 작품을 완성하고 운영할 때 필요한 모든 것들을 결정하고 실행하는 일을 말한다. 뮤지컬을 만드는 과정을 상상해 보자. 제작자는 제일 먼저 어떤 작품을 만들지 결정해야 한다. 해외의 것이면 저작권자를 찾아 만나야 한다. 창작을 하려면 주제에 맞는 그림을 그려야 한다. 작품이 결정되면 누가 대본을 쓰고, 연출을 하며 작곡을 할지 정해야 한다. 더 적합한 사람을 찾아내고 영입해서 완성도를 높여야 한다. 작품이 완성된 후에는 캐스팅, 무대 제작, 운영 스태프 관리를 해야 한다. 표를 잘 팔기 위해 마케팅 방향을 결정해야 한다. 극장 운영을 관리하고 정산도 완수해야 한다. 이 모든 과정이 제작이다.

전문 제작자들이 등장하기 전에는 동인제 제작 방식이 일반적이었다. 연출자나 배우처럼 극단에 소속된 스태프가 제작 업무를 병행했다. 당연히 복잡한 작품을 하기에는 역부족이었다. 작품의 예술적 완성도, 운영, 수익 창출까지 모두 관리하고 책임을 지는 것이 수월할 리 없다. 제작 업무들은 아주 기본적이지만 필수불가결한 일들이다. 결정해야 할 일들이 산더미처럼 많은데 그것이 원활하게 처리되지 않으면 작품이 제대로 만들어질 리 없다.

사정이 이렇다 보니 제작자들이 등장하기 전엔 상업 공연과 예술 공연의 구분이 모호했다. 극의 내용을 만드는 연출자가 제작을 병행한다고 상상해 보자. 연출자는 극의 예술적 완성도를 최우선으로 생각해야 한다. 그런데, 완성도를 높이려다 제작비가 예상을 초과하는 순간이 생겼다 치자. 그는 예술적 완성도와 극단의 손실 사이에서 합리적인 판단을 할 수 있을 것인가? 전문 제작자라면 수익을 낼 현실적인 판단을 할 것이다. 하지만 연출자라면 아무래도 예술적 완성도에 좀 더 치중하는 결정을 내릴 가능성이 높아진다. 이처럼 극단의 구성원이 제작을 맡게 되면 예술과 수익 사이의 구분이 모호해진다. 아무리 상업 공연을 표방해도 경영 관점의 냉철한 판단이 우선되지 않는다. 물론 수익성보다 예술적 완성도에 방점을 찍는다면 이런 시스템이 더 나을 수 있다.

그러나 소규모 동인제 시스템으로는 본격적인 공연시장으로 성장하기 어렵다. 공연 콘텐츠에서 예술성은 중요하다. 하지만 생산 및 판매 시스템이 제대로 갖춰진 공급처가 없다면 온전한 시장은 만들 수 없다. 대형 뮤지컬은 다른 공연에 비해 많은 자원이 투입된다. 그만큼 생산, 즉 제작 시스템을 갖추고 매출을 관리해야 한다. 이 모든 과정을 체크하고 작품을 성공시키기 위해서는 전문 제작자의 등장이 필수적이었다. 뮤지컬 전문 제작자들이 나오며 상업 공연의 개념이 정확히 만들어진다. 그러면서 제작, 운영, 회계 등을 시스템으로 정착시킬 수 있었다.

이런 바탕 위에 우리가 지금 보는 화려하고 신나는 뮤지컬 작품이 만들어지기 시작했다. 관객들이 좋아할 작품을 개발하고 공급하는 일에서 그친 것이 아니다. 그것을 만들 수 있는 창작진, 배우를 개발한 것도 이 제작자들이다. 해외에 비해 낙후되었던 판매 시스템, 마케팅, 극장 운영 등을 업그레이드하고 한국 실정에 맞게 이끌어 간

것도 모두 이들이다. 브로드웨이의 인기 상품인 뮤지컬이 이 땅에
자리 잡기까지 이들 개척자들이 일구어 낸 것이 너무 많다. 그때 만
들어진 틀이 지금까지 크게 변하지 않고 유지되고 있다. 이들이 맨
땅에서 만들어 낸 것이 얼마나 대단한 것인지 짐작할 수 있다. 앞서
본 설문조사에서 한국 뮤지컬의 파워맨으로 제작자들이 꼽히는 것
은 너무도 당연한 결과였다.

스타 배우와
회전문 관객

〈지킬 앤 하이드〉 초연에 출연한 조승우
(오디컴퍼니 제공)

그런데 2011년 조사에서는 배우가 가장 영향력 있는 인물 1위를 차지했다. 뮤지컬 시장을 개척하고 판을 짠 제작자들보다 더 힘이 세다는 말이다. 2011년은 10여 년간 한국 뮤지컬 시장이 폭발적으로 성장해 문화예술계 안팎의 관심이 집중되던 때였다. 그 이전에 없었던 규모의 시장이 생기고, 황금알을 낳는 거위가 등장한 것처럼 환호하던 상황이었다. 이때 제작자가 아닌 배우가 파워맨으로 선정된 것은 시사하는 바가 크다.

조승우가 뮤지컬로 데뷔한 2004년 〈지킬 앤 하이드〉는 업계의 흐름을 완전히 바꿔놓았다. 당시 그는 아직 스타로 자리 잡은 배우가 아니었다. 1999년 영화 〈춘향뎐〉으로 데뷔한 지 얼마 안 된 신예였다. 그런 그가 〈지킬 앤 하이드〉로 최고 스타 반열에 오른다. 그가 출연한 회차는 티켓을 오픈하자마자 동이 났다. 이것은 요행이 아니었다. 이후 출연한 〈헤드윅〉, 〈맨 오브 라만차〉 등 모든 작품에서 그의 파워를 여실히 보여줬다. 그가 움직이는 곳에 관객이 모였다. 상황이 이러니 모든 제작자들이 그를 캐스팅하기 위해 경쟁했다. 공연계에 스타 시스템이 본격적으로 등장한 것이다.

2004년이면 아직 뮤지컬이라는 장르가 대중적으로 잘 알려지지 않은 시기였다. 당시 〈지킬 앤 하이드〉처럼 대중에게 인지도 있는 다른 분야 배우들이 뮤지컬에 영입되기 시작했다. 작품의 인지도가 크게 향상되고, 소위 '대박 나는' 작품들이 생겼다. 개별 작품의 매출 증대는 전체 시장의 성장으로 이어졌다. 대중들의 뮤지컬에 대한 호감도도 높아졌다. 배우가 한국 뮤지컬 시장의 발전에 많은 공헌을 한 것이다.

배우들의 열정이 큰 역할을 했다. 이들이 공연에 몸을 사리지 않은 에피소드들은 차고 넘친다. 〈지킬 앤 하이드〉 공연 중이었다. 주연을 맡은 한 배우에게 급한 사정이 생겼다. 누군가 배역을 대신해 주지 않으면 공연이 취소될 위기에 놓였다. 이때 구원투수로 등장한 것이 조승우다. 그의 집은 수도권 외곽이었다. 급히 연락을 받고 공연 시간에 맞추기 위해 바로 자신의 오토바이를 타고 서울로 달렸다. 사실, 뮤지컬은 배역에 문제가 생길 것을 대비해 언더스터디, 스윙 등 대체 인력을 두게 되어있다. 그들이 연기를 대신 해도 작품을 진행할 수 있다. 하지만 한국 관객들은 본인이 원하는 배우를 골라 티켓을 사는 경우가 많다. 즉 다른 배우가 공연을 대신할 경우 표를 환불하거나 컴플레인을 제기할 가능성이 매우 높다. 제작사는 물론 작품의 이미지까지 영향을 받는다. 하지만 그날, 조승우가 대신한 공연엔 별다른 컴플레인이 없었다. 하늘의 별보다 구하기 어렵다는 〈지킬 앤 하이드〉 조승우 공연을 보게 되었으니 불만을 제기할 사람이 어디 있었겠는가.

뮤지컬 〈팬텀〉 초연 공연 중이었다. 주연을 맡은 류정한 배우의 머리가 찢어졌다. 연기를 하던 도중 무대 구조물 모서리에 머리를 부딪친 것이다. 〈팬텀〉 주인공은 유령 가면을 쓰고 연기를 해야 한다. 그래서 시야가 잘 확보되지 않았고, 더욱이 첫 시즌이어서 익숙지 않은 작품이었기 때문에 불의의 사고가 난 것이다. 공연이 시작된 지 얼마 안 된 1막 초반이었다. 류정한은 어떻게든 공연을 끝까지 마치려고 애썼다. 하지만 상처가 깊어 노래를 부르는 도중 가면 아래로 피가 떨어지기 시작했다. 관객들도 저것이 연출인지 사고인지 충격을 받은 것은 당연했다.

급히 같은 배역을 맡은 카이 배우에게 소식을 알리고 불러들였다. 그는 사고 소식을 듣자마자 주저 없이 집에서 달려왔다. 카이가 도착해 1막 후반부터 배우가 교체되어 작품을 무사히 마칠 수 있었다. 류정한은 근처 병원에서 열네 바늘이나 꿰매는 큰 수술을 받았다. 그는 치료를 받고 바로 복귀할 생각으로 머리를 밀지 않고 꿰매달라 했다. 실제로 치료가 끝나자마자 병원에서 무대로 돌아가려 해 주위에서 말려야 했다. 제작사가 일정 기간 쉬도록 권유했지만, 그마저도 듣지 않았다. 사고 당일 하루를 빼고는 예정된 캐스팅 스케줄을 그대로 소화했다.

이런 에피소드들은 한국 뮤지컬 배우들이 작품을 자기 것처럼 생각하기 때문에 벌어진 일들이다. 사실, 언더스터디로 대체하라고 하거나 공연을 취소하라고 하면 그만이다. 이런 일에 대비하는 것이 작품의 운영을 맡은 제작팀의 중요한 업무다. 하지만 대부분의 배우들은 그렇지 않았다. 작품에 주인의식을 가지고 진심으로 일을 했기 때문이다. 이처럼 문제가 생겼을 때 모두 쉬는 시간도 반납하고 작품을 위해 달려올 열정을 가지고 있었다.

2001년 시작된 뮤지컬 시장은 이런 파워맨들의 열정으로 폭발적인 성장세를 이어갔다. 2012년 3천억 원대에 진입하기까지는 거침이 없었다. 예술경영지원센터의 조사에 따르면 2014년 국내 뮤지컬 총규모 추정치는 3,259억 원이었다. 이 수치는 2010년 1,618억 원 규모에서 두 배 가까운 95.5% 성장한 결과였다. 5년간 매년 평균 19.1% 성장한 것이다. 티켓 판매사인 인터파크 ENT의 집계로 2011년엔 콘서트 매출 규모를 제치고 1위 시장을 차지한다. 그리고 2014년엔 전체 공연시장의 48.0%에 다다른다. 한국 공연시장의 신생 장르인 뮤지컬은 10년 만에 전체 시장을 주도하는 상품으로 급성장했다. 성장은 인프라의 확대를 이끌었다. 대규모 뮤지컬 공연이 가능한 극장들이 속속 개관했다. 당연히도 더 많은 작품이 시장에 공급된다. 작품 수의 증가는 일자리 창출과 시장 활성화라는 긍정적인 효과를 이끌어 냈다.

그러나 많은 작품이 제작되자 필연적으로 경쟁이 심화되었다. 제작자들은 자신들의 작품이 시장 경쟁력을 가지도록 애써야 했다. 작품의 완성도 향상이라는 질적 노력에 그치지 않았다. 더 화려한 무대, 더 인지도 높은 배우 캐스팅 등 외적인 모양새를 갖추려고 했다. 대중에게 어필하려면 어쩔 수 없는 선택이었다. 이에 따라 작품의 제작비는 상승했고, 티켓 가격도 덩달아 뛰었다. 문제는 소비자가 받아들일 수 있는 가격의 심리적 상한선이 존재한다는 점이다. 또, 공연 기간 동안 판매할 수 있는 티켓의 총량에도 한계가 있다. 다시 말해 뮤지컬 제작비는 계속 증가하고 있으나 그 비용을 상쇄할 수 있을 만큼 매출 구조를 만들기 어렵다는 것이다.

안타깝게도, 3천억 원대 시장에 진입한 이후 성장이 매우 더뎌지기 시작했다. 뮤지컬이 꾸준히 수익성을 확보하려면 불특정 다수가 시장에 진입하여 수요가 일정 수준 이상으로 확보되고, 이를 통해 규모의 경제를 이루어야 한다. 그러나 한국 뮤지컬은 규모의 경제를 이루는 데 실패했다. 오히려 점점 더 마니아에게 의존하는 시장이 되어갔다.

인터넷 티켓 예매 사이트인 예스24가 2016년 발표한 뮤지컬 시장 조사 결과는 이 사실을 뒷받침해 준다. 이 조사에 의하면 특정 뮤지컬의 공연 기간 동안 두 차례 이상 관람한 관객이 지출한 티켓 매출액이 전체 판매액의 절반을 넘게 차지했다. 작품을 한 번만 본 관객은 75.1%이고, 같은 작품을 두 번 이상 관람한 관객은 24.9%로 1/3 수준이었다. 그러나 구입한 티켓의 판매액은 2회 이상 본 관객이 50.6%로서 한 번 본 관객의 49.4%보다 더 높게 나타났다. 더

욱 놀라운 사실은 같은 작품을 6회 이상 관람한 소비자가 전체 관객의 5.8%에 달했다는 점이다. 그리고 이들의 티켓 구매액이 전체의 25.7%, 무려 1/4 이상을 차지했다. 뮤지컬 시장이 성장하는 과정에서 소비자의 저변이 그리 넓어지지 않았다는 의미다.

고정 소비자가 꾸준히 매출을 일으켜 주는 것은 매우 중요하다. 식당으로 비유해 보자. 단골이 있는 장사가 얼마나 중요한지 모두 알 것이다. 단골 고객이 없으면 식당을 유지할 돈을 벌 수도, 나가는 비용을 예측할 수도 없다. 살아남기 위해서는 꼭 필요한 것이 고정 소비자층이다. 그러나 이 식당을 키워서 여기저기 지점을 내려면 얘기가 달라진다. 이 식당을 믿고 새로 찾아와 줄 손님이 없으면 불가능하다. 일정 수준 이상의 고객이 들어오지 않는 한 규모가 유지되지 않는다. 고려해야 할 경쟁 식당도 무한정 많아진다. 큰 규모가 더 큰 손실로 이어질 위험도 생긴다. 그러나 매출과 수익 규모를 키우기 위해서는 어쩔 수 없다. 오히려 장사가 잘되면 브랜드가 확장되어 다른 사업 영역으로 발전할 수도 있다.

뮤지컬 시장도 비슷하다. 작은 규모로 유지하는 것이라면 일부 고정 소비자들로 충분하다. 그러나 더 큰 시장으로 발전해서 세계적인 경쟁력을 갖추기엔 부족하다. 동네 단골 구멍가게로 만족한다면 모를까, 산업화를 원한다면 규모의 경제를 이뤄야 한다. 이 맥락에서 소비자의 다양성이 확보되어야 한다. 일부의 소비자층이 발생시킬 수 있는 매출액은 한계가 있다. 튼튼한 고정 매출 기반 위에 새로운 소비자층이 덧붙여져야 한다. 이런 확장성이 더 활발한 시장을 만든다.

그러나, 한국 뮤지컬 시장은 그렇지 않다. 이제는 뮤지컬 소비자의 마니아 성향이 깊어져 특정 작품을 반복해서 관람하는 '회전문 관객'들이 많아지고 있다. 회전문을 돌듯 돌고 또 도는 반복적인 관람 형태를 빗대어 일컫는 말이다. 같은 작품을 10~20번 이상 관람하는 충성도 높은 고객은 흔한 실정이다.

2012년 CJ E&M이 뮤지컬에 대해 충성도가 높은 자체 VIP 100명에 대해 설문조사를 실시한 적이 있다. 그중 1년간 공연을 100회 이상 관람한 응답자가 열한 명이었다. 같은 작품을 반복 관람한 평균 횟수는 16회, 최다 반복 관람 횟수는 99회였다. 더블/트리플 캐스팅이 흔한 국내 뮤지컬 현실에서 마니아들은 다양한 캐스팅을 조합하면서 관람한다. 모든 경우의 수를 관람하는 '전캐 찍기'라는 은어가 있을 정도다. 조사 대상 중 1년간 티켓 구매를 위해 500만 원 이상 썼다는 팬이 16%였다. 1,500만 원을 썼다고 응답한 사람도 있었다. 이 응답자의 한 달 평균 수입은 200만 원 미만이었다고 한다. 상황이 이러니 기획사는 핵심 소비자인 회전문 관객을 끌어오기 위한 다양한 마케팅을 펼칠 수밖에 없다.

뮤지컬이 공연시장에서 차지하는 비중이 그렇게 높아졌음에도 대중적인 인지도가 떨어지는 이유가 여기에 있다. 다양한 관객이 모여 있는 영화 시장을 떠올리면 쉽게 비교가 된다. 영화 시장에는 여러 취향을 가진 소비자가 존재하고, 그에 맞는 다양한 작품이 공급된다. 관객들은 자신이 좋아할 만한 작품에 꾸준히 관심을 가지고 충분한 정보를 얻은 후 작품을 고른다. 액션, 로맨스, 코미디 등 대중성을 지닌 영화는 천만 관객이 들기도 한다. 반면, 예술성이 높은 영화에 관심을 가진 마니아층도 여전히 존재한다.

한국 뮤지컬 시장은 그렇지 않다. 시장 매출의 대부분을 보고 또 보는 핵심 마니아들이 차지한다. 작품 정보도 한정된 사람들 사이에 주로 공유된다. 소비자가 한정적이어서 작품의 다양성도 확보되기 어렵다. 뮤지컬을 잘 모르는 관객들은 작품을 고를 때 가지고 있는 정보가 상대적으로 적다. 이 때문에 이미 이름난 공연, 유명 배우가 나오는 작품을 고를 수밖에 없다. 이 결과로 시장은 더 편향되어 발달한다.

관객층이 한정되어 시장이 좀처럼 커지지 않는다. 제작사들은 생존을 위해 출혈경쟁도 마다하지 않는다. 제작비는 점점 오르고 총매출에는 한계가 있다. 그래도 공연을 올리지 않으면 매출이 없어져 회사를 유지할 수 없다. 어떻게든 제작을 해야 한다. 이 때문에 손실이 예상되어도 무리해서 공연을 하고 수지 구조는 점점 악화된다. 투자 손실을 제작사가 거의 떠안는 구조에서 이런 경쟁은 필연적으로 제작사의 재정을 부실하게 만든다.

악재가 겹쳤던 2014년의 사건들이 많은 것을 말해준다. 당시 세월호 참사의 영향으로 추모 분위기가 이어져 일부 공연의 유료 객석 점유율이 20%대까지 떨어졌다. 뮤지컬 〈두 도시 이야기〉가 임금 체불 문제로 공연 기간 중 갑자기 중단되고 제작사 대표가 잠적해 충격을 준 사건도 있었다. 메이저 제작사 중 하나인 '뮤지컬 해븐'은 법정관리를 신청했다. 이런 상황이 업계에 만연했고, 부실화를 못 이기고 폐업하는 제작사가 계속 생겨났다. 2017년 기준으로 공연되는 뮤지컬 중 수익을 내는 것은 10% 남짓으로 파악되었다. 중견 제작사 대표가 자살하는 사건이 벌어졌다. 한국 뮤지컬의 성장 여력이 한계에 다다랐다는 주장이 제기되었다.

아무도 이런 최악의 상황을 겪고 싶어 하지 않는다. 이 때문에 뮤지컬 제작자들은 구매 의사가 충분하고, 일정한 구매 패턴을 지닌 뮤지컬 마니아에게 집중하게 된다. 즉, 이들이 매력을 느낄만한 요소에 제작비를 더 투입한다. 2014년 예술경영센터가 뮤지컬을 선택할 때 가장 중요하게 생각하는 요소를 복수응답으로 조사했다. 이 결과 80.7%가 '출연진'을 선택했고, 그다음 순위로 줄거리(64.3%), 음악(49.7%)을 꼽았다. 뮤지컬 관람자 중 재관람을 하는 이유로도 절반 가까운 49.4%가 출연진(배우)을 꼽았다. 이런 경향은 한 달에 30만 원 이상 문화비를 지출하는 고이용층에서 높게 나타난다. 수익성을 놓칠 수 없는 제작사들은 관객들, 특히 고이용층 관객들이 선호하는 배우를 캐스팅하는 데 집중할 수밖에 없다. 캐스팅 경쟁이 붙은 배우 출연료는 제작비의 큰 압박 요소가 된 지 오래다.

조승우의 파워맨 선정은 이런 맥락이 반영된 결과일 것이다. 그의 영향력은 줄어들지 않고 지금까지 이어지고 있다. 뮤지컬 데뷔 이후 20여 년이 지난 지금까지 최고의 대우를 받고 있다. 그가 뮤지컬 배우로서 최고의 자질과 열정을 가진 것이 가장 중요한 이유일 것이다. 그리고, 한 걸음 더 나가 보면 뮤지컬계에서 배우가 가지는 중요성과 팬덤의 영향력이 그 이후 조금도 변하지 않았다는 의미이기도 하다.

새로운 시장을
만드는 파워

★

우리 뮤지컬은 작품 완성도도 높아졌고, 다양한 시도도 꾸준히 지속되고 있다. 그렇지만 한국 대극장 뮤지컬에서 팬덤이 있는 스타 배우가 출연하지 않고 성공한 사례가 아직 나오지 않고 있다. 배우를 빼고 작품성만으로는 아직 흥행을 담보할 수 없다는 뜻이다. 시장이 그렇게 형성되어 있고, 관객들의 취향도 그렇게 발전되어 왔다. 관객들에게 '유명 배우가 아니어도 충분히 좋은 공연입니다. 꼭 티켓을 사서 보십시오'라고 강요할 수는 없는 일이다.

포화된 한국 시장을 넘어서려는 시도가 꾸준히 있어왔다. 2010년대를 전후해 한류 아이돌을 내세워 일본 뮤지컬 시장에 진출하는 사례가 꽤 있었다. 2011년 카라의 김규리가 주연을 맡은 〈미녀는 괴로워〉, SS501 김규종 주연의 〈궁〉이 진출해 표를 매진시킨다. 2012년

아뮤즈 뮤지컬 시어터 2013년 당시 전경

엔 원조 한류 스타 안재욱을 캐스팅한 〈잭 더 리퍼〉도 큰 성공을 거둔다. 이런 인기를 반영하여 도쿄 롯폰기에 한류 뮤지컬 전용관을 표방한 아뮤즈 뮤지컬 시어터가 개관하기까지 한다.

하지만 이 모델은 오래 지속되지 못했다. 작품 자체가 인기를 얻은 것이 아니라 출연한 배우들을 좋아하는 팬덤이 일시적으로 모인 것이었기 때문이다. 〈미녀는 괴로워〉나 〈궁〉은 한국 시장에서 크게 성공한 작품은 아니었다. 심지어 〈잭 더 리퍼〉는 체코 원작이어서 지적재산권에 제약이 있는 뮤지컬이다. 배우의 인기를 중심으로 하는 작품은 해외 시장에서 일시적인 반향을 끌어낼 수는 있지만, 본격적인 시장의 개척으로 이어지긴 어렵다.

이 맥락과 대비되는 것이 최근 브로드웨이에서 성공한 〈어쩌면 해피엔딩〉, 〈위대한 개츠비〉 같은 작품들이다. 우리는 이 작품들이 성공한 이유를 배우의 인지도에서 찾지는 않는다. 런던 웨스트엔드에서 최초로 장기 공연을 했던 〈마리 퀴리〉나 일본에서 인기를 얻어 꾸준히 공연되고 있는 〈프랑켄슈타인〉도 마찬가지다. 이 작품들에는 한국 특유의 제작 노하우와 정서가 들어가 경쟁력을 가졌다고 설명한다. 어떤 점이 다른 것일까?

세계적인 인지도를 가진 다른 한류 콘텐츠들을 살펴보면 그 단서를 찾을 수 있다. 영화, 드라마, K팝 같은 장르 모두 세계 시장을 개척한 스타 창작자나 제작자가 있었다. 음악은 SM, YG, JYP, 하이브의 수장들이 세계 시장을 열었다. 영화는 박찬욱, 봉준호 등 세계 유수의 시상식을 휩쓴 스타 감독이 나타난 후 러브콜이 쇄도했다. BTS, 블랙핑크 등의 영향력은 그들을 만들어 준 제작자들이나 육성 시스템 없이는 불가능했다. 지금 할리우드를 포함한 수많은 곳에서 캐스팅 제안을 받는 배우들의 명성 또한 천재 연출가들 없이는 발굴될 수 없었다.

조금 더 멀리 보면, 영국 메가 뮤지컬이 브로드웨이를 바꿔놓은 일도 비슷하다. 침체에 허덕이던 뉴욕의 공연시장을 구한 것은 영국 천재 제작자들의 힘이었다. 캐머런 매킨토시와 앤드루 로이드 웨버의 작품들은 시장을 완전히 바꿔놓았다. 새로운 작품, 다채로운 마케팅, 세계를 향한 진출 모델은 이들 스타 제작자, 창작자 없이는 만들어지지 않았을 것이다.

한국 뮤지컬도 비슷한 발전 과정이 필요할 것이다. 지금 상황에서

한 단계 위로 도약하기 위해서는 스타 제작자가 등장하여 킬러콘텐츠를 보여줘야 한다고 생각한다. 앞서 언급한 5인의 제작자가 불모지를 일군 것처럼, 지금 상황을 깨고 도약할 계기를 만들 제작자, 창작가가 필요하다.

최근 회자되는 〈어쩌면 해피엔딩〉이나 〈위대한 개츠비〉에서 이런 가능성을 찾아볼 수 있다. 〈지킬 앤 하이드〉를 성공시킨 신춘수 대표는 끊임없이 브로드웨이

〈위대한 개츠비〉 브로드웨이 공연 포스터.
상단에 신춘수 대표와 제작사인
오디컴퍼니가 명시되어 있다.
(오디컴퍼니 제공)

시장에 도전한 것으로 유명하다. 십수 년의 노력 끝에 그가 아시아인 최초로 단독 리드 프로듀서 역할을 맡아 제작한 것이 〈위대한 개츠비〉다. 2024년 4월 개막한 이 작품은 개막과 동시에 매출액 100만 달러를 넘겨 '원 밀리언 클럽'에 진입한다. 그리고 20주간 그 클럽을 유지하는 저력을 보여줬다. 이 성공에 힘입어 2025년 4월 런던 웨스트엔드에도 진출하여 다시 흥행 기록을 이어갔다. 제작자가 한국에서 쌓은 노하우를 적극적으로 투영한 결과였다.

〈어쩌면 해피엔딩〉은 2014년 우란문화재단의 기획으로 개발된 소극장 창작뮤지컬이다. 한국 제작자들이 한국의 정서로 만들어 낸 것은 당연했다. 한국에서 꾸준히 인기를 얻은 이 작품은 2017년 일본,

2020년 미국 애틀랜타에 진출한다. 그리고 2024년 브로드웨이에 입성해 평단과 시장의 호평을 이끌어 낸다. 진입장벽이 높은 브로드웨이의 벽을 한국의 정서를 담은 작품으로 뛰어넘은 것은 엄청난 사건이었다. 극의 배경은 서울이고, '화분'이나 '사랑' 같은 한국어가 등장한다. 어쩌면 생경할 수 있는 감성들을 이국적인 매력으로 연출한 것은 작품의 힘이다. 그리고 이런 배경을 넘어 관객의 '사랑과 이별'이라는 인간 본연의 보편적 감성을 잘 이끌어 낸 것은 창작자의 저력이 있었기에 가능했던 일이다.

다른 해외 진출 작품들도 가능성을 보여줬다. 2017년 일본에 진출한 〈프랑켄슈타인〉은 '프랑켄 쇼크'라는 말이 생길 정도로 일본 시장에 큰 충격을 줬다. 이 작품은 원작 소설의 어두운 분위기를 잘 살린 무대와 한국 특유의 호소력 짙은 음악으로 유명하다. 공연은 논 레플리카 형태 즉 한국 작품의 틀을 유지하고 일본의 배우를 캐스팅한 것으로 제작되었다. 일본 관객들은 이제껏 보지 못한 작품에 환호했다. 이 초연작은 엄청난 인기를 얻었고 이후 2020년, 2024년, 2025년 다시 공연됐다. 이 작품은 한국 창작뮤지컬에 대한 일본의 인식을 바꿔 다른 작품들도 관심을 받아 대거 수출되도록 하는 영향력을 발휘한다. 2010년대 초 한류 스타를 내세운 작품들과는 대비되는 결과였다.

〈마리 퀴리〉는 2024년 6월 1일부터 7월 28일까지 런던 웨스트엔드에서 공연되었다. 한국 창작뮤지컬을 현지화해 런던에서 두 달 가까이 장기 공연한 것은 처음 있는 일이었다. 이전에 〈명성황후〉 같은 몇몇 작품들이 공연되었지만, 며칠 짧게 무대에 올랐을 뿐이었다. 〈마리 퀴리〉는 현지 창작진과 배우들이 참여해 영어로 제작되었지만, 리드 프로듀서는 한국인이었다. 이 작품은 개발 단계부터 해외 시장을 염두에 두고 기획되었다. 이후 일본과 폴란드 등에서 가능성을 시험했고, 뮤지컬의 양대 시장인 런던에서 성공을 거두었다.

이제 다시 질문을 던져볼 순간이다. 한국 뮤지컬의 파워맨은 누구인가? 나는 작품을 만들어 내는 제작자가 이 시장을 움직이는 보이지 않는 파워맨들이라고 생각한다. 하지만 지금 한국 뮤지컬 시장은 배우들의 파워 없이 유지되지 못하는 것 또한 사실이다. 비용 질병 문제와 밀접하지만, 배우 자체가 콘텐츠 파워인 상황이다. 그렇다 해도, 한국 뮤지컬이 한 단계 발전하기 위해서는 보이지 않는 유리 천장을 깰 수 있는 스타 창작자의 출현이 필요해 보인다. 이들이 만들어 낼 작품이 그 자체로 경쟁력을 가지고 관객이 모이면 지금 보이는 많은 한계들을 넘어설 수 있을 것이다. 그렇게 시장이 커지고 해외로 진출이 활발해지면 다시 그 결실이 배우들에게도 돌아갈 것이다. 한국 뮤지컬의 두 파워 집단 즉 제작자와 배우가 꼭 대립되는 위치에 있지는 않다. 이 파워맨들이 대의로 똘똘 뭉치면 지금 조금은 위태로워 보이는 현상들을 뛰어넘어 새로 도약할 계기가 마련되리라 믿어 의심치 않는다.

한국 관객들은 정말 브로드웨이 뮤지컬을 좋아하는가?

촌스러운
브로드웨이

'**브로드웨이** 뮤지컬' 하면 어떤 모습이 떠오르시는지? 화려한 무대, 번쩍이는 의상, 앙상블들의 칼군무, 빵빵한 음악에 신나는 쇼가 펼쳐지는 그림이 생각나지 않으시는지? 뉴욕 타임스퀘어 주변의 꺼지지 않는 조명들, 그사이에 걸려있는 뮤지컬 광고들도 떠오를 것이다. 미국의 영광이 집약되어 있는 곳 그리고 그것이 무대로 구현된 것이 브로드웨이 뮤지컬 이미지다. 한국에서는 당연히도 뮤지컬의 본고장으로 추앙되고 있다. '뮤지컬 = 브로드웨이'라고 생각할 정도로 뗄 수 없는 개념으로 받아들인다. '브로드웨이 화제작'이라는 말이 홍보 문구로 쓰이고 작품의 질을 판별하는 척도가 되기도 한다.

그러나 브로드웨이 정통 작품들을 현지에서 보면 생각이 많이 달라질 것이다. 업무 연수로 두 달여 기간 동안 맨해튼에 가있었던 적이 있다. 뮤지컬 관람 일정을 세우면서 기대감이 넘쳤다. 얼마나 멋질까. 정통 뮤지컬은 얼마나 다를까. 본고장의 맛은 얼마나 좋을까. 브로드웨이 극장가 인근에 숙소를 잡았다. 그리고 하루가 멀다 하고 뮤지컬을 보러 다녔다. 국내에 이미 소개된 작품을 제외하고 현지에서 인기 있다는 뮤지컬을 중점적으로 섭렵했다. 볼수록 정수리 위에 물음표가 붙어서 커지는 느낌이었다.

'이게 인기작이라고?'

물론 내 편협한 취향에 맞지 않은 것일 수도 있다. 영어가 짧아 노래를 완전히 이해하지 못해서 그런 것일 수도 있다. 그래도 이건 아니지 싶은 작품의 객석이 꽉 차있었다. 작품의 완성도는 높았다. 배우들의 연기와 에너지가 남달랐다. 꽉 짜인 연출 동선도 연륜이 느껴졌다. 하지만 거기까지였다. 브로드웨이 쇼 뮤지컬의 화려한 무대를 기대했던 내겐 너무도 평범한 연극 같은 작품들이 대부분이었다. 노래와 스토리도 한국 사람의 정서와는 너무도 먼 미국인들의 것으로 채워져 있었다. 업계에서 오랜 시간을 보낸 내 눈엔 오히려 악극에 가까운 느낌이 드는 작품이 많았다. 좋게 말하면 전통적인 분위기였지만, 한국 뮤지컬의 화려한 무대에 익숙한 나에게는 촌스럽게 느껴졌다.

여기서 질문. '브로드웨이 화제작'은 어떤 것이 있을까? 〈오페라의 유령〉, 〈캣츠〉, 〈맘마미아!〉 같은 것이 떠오르지 않으시는지? 〈오페라의 유령〉의 거대한 샹들리에가 객석 위로 떨어지는 장면, 누구에게나 충격을 준다. 사람이 고양이로 보일 수도 있다는 것을 증명

뮤지컬 〈Girl From the North Country〉 브로드웨이 무대 전경 (직접 촬영)

한 〈캣츠〉의 분장은 또 어떤가. 큰 스케일에 화려한 볼거리, 가슴을 때리는 음악이 작품 내내 관객을 휘어잡는다. 그러나 아쉽게도 이 작품들은 브로드웨이 극장에서 인기를 끌고 있긴 하지만, 명백히 영국에서 창작된 뮤지컬들이다.

한국에서 공연을 올렸다 하면 매진되는 〈레베카〉, 〈엘리자벳〉은 어떤가? 거대한 맨덜리 저택에서 미스터리한 사건이 펼쳐지는 〈레베카〉, 왕실을 배경으로 화려한 귀족들의 생활이 펼쳐지는 〈엘리자벳〉… 이 작품들은 오스트리아 뮤지컬이다. 현재 가장 화려한 뮤지컬들은 디즈니의 작품들인데, 이것들은 현지에서도 정통 브로드웨이 작품이 아니라 대자본으로 만든 '관광 상품'이라는 비판을 받고 있다. 한국에서 꾸준히 인기를 모으고 있는 작품 중에는 〈시카고〉,

<위키드> 정도가 전통적인 브로드웨이 시스템으로 만들어진 것들이다. 많은 한국 관객들이 머릿속에 떠올리는 브로드웨이 이미지와 실제 작품은 차이가 있다.

이런 현실은 관객들의 반응에서 잘 드러난다. 브로드웨이에서 직접 관람했던 몇 작품들이 한국에 들어와 공연되었다. 내가 현지에서 그랬던 것처럼 관객의 호응이 별로 없었다. 꼼꼼히 들여다보면 흠잡을 데 없는 작품들이다. 훌륭한 연출에 빈틈없이 음악이 맞아 들어간다. 배우들의 대사와 연기도 좋다. 동선과 노래, 춤이 모두 개연성을 부여받아 자연스럽게 이어지고 하모니를 만들어 낸다. 하지만, 아쉽게도 눈을 잡아끄는 한 방이 없다. 보통 사람들이 가지는 브로드웨이의 이미지 즉 화려한 무대를 기대하고 온 관객들의 눈에는 '이게 뭐지' 싶은 작품이 대다수다. 조명이 딱딱 맞아 떨어지긴 하지만, 줄거리나 음악에 맞춰져 있을 뿐 화려하진 않다. 무대도 딱 필요한 만큼만 구현되어 있어 어딘가 심심하다. 입맛을 확 자극하는 함흥냉면을 먹으러 갔는데 심심한 평양냉면이 나온 것 같은 느낌이랄까. 정통 브로드웨이 정서를 알고 작품의 흐름을 조용히 따라가는 데 익숙하지 않으면 '재미'가 없다.

토니상을 받고 미국 현지에서 매진을 시킨 잘나가는 작품들이 한국에서 줄줄이 고배를 마시는 것을 봐야 했다. 한국에 뮤지컬 시장이 막 형성되던 시기엔 '브로드웨이 화제작'이면 됐다. 현지 원작을 그대로 가지고 와 외국 배우들이 연기하는 오리지널/투어 공연이 인기 있었다. 원작에서 가사만 한국어로 바꾸고 한국 배우들이 공연하

브로드웨이 〈해밀턴〉 관람객 (직접 촬영)   브로드웨이 〈알라딘〉 관람객(직접 촬영)

는 레플리카 뮤지컬도 인기였다. 그러나 요즘은 그 흐름이 많이 바뀌었다. 전통적인 브로드웨이 작품들은 한국에서 성공한 경우가 오히려 적다. 모두 브로드웨이를 동경하는데 브로드웨이 정통 뮤지컬은 홀대받는 이상한 현상이 벌어지고 있는 것이다.

이런 경향은 한국 뮤지컬 관람객의 연령 특성과도 관련이 있다. 극장에 가보면 젊은 여성들이 대다수다. 그 사이에 연인과 데이트하러 온 남자들이 조금 섞여있다. 중년층 이상의 관객은 그리 많아 보이지 않는다. 브로드웨이는 다르다. 극장에 가보면 지긋한 나이의 관람객이 대부분이다. 백발의 남성과 친구들 같은 조합이 흔히 보인다. 오래된 레퍼토리가 아닌 최근 화제작도 마찬가지다. 젊은 관객들은 많지 않고 중년 이상의 관객들을 더 쉽게 볼 수 있다.

앞서 잠깐 살펴봤듯, 브로드웨이 무대에는 수십 년 전 작품들이 아직도 공연되고 있다. 2018-2019 시즌에 공연된 〈회전목마 Carousel〉는 무려 80여 년 전인 1945년 만들어진 뮤지컬이다. 미국 뮤지컬의 중흥기를 만들어 낸 로저스&해머스타인의 작품이다. 로저스&해머스타인의 작품들은 이미 고전의 반열에 올라있다. 〈회전목마〉 외에도 그들의 작품은 아직도 브로드웨이에서 흔하게 공연된다. 2023-2024 시즌에 올려진 〈카바레Cabaret at the Kit Kat Club〉는 1966년 초연작이다. 해럴드 프린스라는 불세출의 연출가가 만들어 낸 명작이지만, 환갑을 넘은 작품이다. 뮤지컬은 어떤 의미에서 미국의 전통 공연 같은 이미지를 가지고 있다. 이런 작품을 보는 관객들은 어떤 정서를 가지고 있을까? 한국 사람이 전통 국악 공연을 보거나 유럽인들이 가벼운 클래식 공연을 보는 것과 비슷한 느낌이 아닐까?

브로드웨이 제작자 협회인 브로드웨이리그Broadway League의 조사에 따르면 2023-2024 시즌 관객의 평균연령이 42세였다. 그리고 50대 이상이 36.8%를 차지했다. 당연히 중년층 이상의 취향에 맞춘 작품들이 주로 올라간다. 즉, 브로드웨이에서 뮤지컬은 올드한 장르다.

한국은 그렇지 않다. 관람객은 20, 30대가 가장 많다. 인터파크의 통계에 따르면, 2021년 한국 공연 예매자 중 65.8%가 20~30대다. 전체 공연 매출에서 30대 비중이 32.2%를 차지한 데 비해 뮤지컬 부문은 30대의 비중이 37.4%에 달한다. 다른 장르에 비해 비율이 더 높다. 그만큼 한국에서 뮤지컬은 젊고 핫한 장르다. 당연히도 옛날 정서를 담은 정통 브로드웨이 작품이 인기가 없을 수밖에 없다. 한국에서는 화려하면서 젊은 감각을 지닌 뮤지컬이 사랑을 받는다.

화려하게
더 화려하게

브로드웨이 원작 〈지킬 앤 하이드〉는 한국 시장에서 가장 인기 있는 뮤지컬 중 하나다. 단, 이 작품은 한국 관객의 정서에 맞게 다시 만든 뮤지컬이다. 음악과 대본의 큰 틀만 가져와 현지화해서 만든 논 레플리카 작품이다.

사실, 이 뮤지컬은 브로드웨이에서는 별로 성공하지 못했다. 〈지킬 앤 하이드〉는 1990년 텍사스주 휴스턴에서 초연을 올린다. 대다수 뮤지컬들은 뉴욕 외의 다른 대도시에서 먼저 공연을 해서 작품성 및 상업성을 검증한 후 메이저 시장인 브로드웨이에 들어간다. 〈지킬 앤 하이드〉는 텍사스 초연 이후 7년 동안이나 수없는 개작 과정을 거치며 브로드웨이 바깥을 돈다. 그리고 1997년 4월에야 브로드웨이 플리머스극장에 올릴 수 있었다. 이후 4년간 1,500여 회의 공연을 했다. 폐막 시기 주인공은 우리에게 〈전격 Z작전〉으로 잘 알려진 데이비드 하셀호프David Michael Hasselhoff였다. 플리머스극장 최장기간 공연이라는 타이틀을 가지게 되었으나, 인구에 회자될 정도의 화제작은 아니었다. 이후 브로드웨이나 웨스트엔드에서 리바이벌 공연과 투어 공연이 시도되었으나, 주목을 받지 못했다.

〈지킬 앤 하이드〉 한국 초연 포스터
(오디컴퍼니 제공)

해외로 수출된 〈지킬 앤 하이드〉는 한국 시장에서 초대박 흥행을 일궈낸다. 2004년 한국 초연작은 전회 매진이라는 기록을 달성했다. 표가 없어서 못 파는 공연이 된 것이다. 이후 10년 동안 941회 공연, 관객 101만 명이라는 대기록을 써냈다. 한국 공연시장의 판을 키운 것은 물론, 공연 역사의 흐름을 바꿨다. 무엇보다, 스타 캐스팅의 중요성을 증명했다. 주인공을 맡은 조승우는 화제를 끌어모으며 뮤지컬 티켓 매출에서 팬덤의 역할이 얼마나 중요한지 확인시켰다.

한국 정서에 맞게 드라마를 보충하고 캐릭터를 변화시킨 것도 주효했다. 브로드웨이의 지킬은 진실을 추구하는 과학자의 모습이다. 한국의 지킬은 인간적 고뇌와 사랑을 갈구하는 한 남자의 모습이다. 몰입하는 드라마를 좋아하는 한국 관객들은 이 주인공의 고민을 듣고 함께 울었다. 심지어, 모성애를 자극하는 조승우가 지킬을 연기 했으니 어떠했겠는가.

　노래의 가사도 한국의 정서에 맞춰 초월 번역되었다. 한국 사람 이라면 대강 흥얼댈 수 있을 만큼 유명해진 〈지금 이 순간This is the Moment〉을 보자. 실험을 감행하길 결심하며 지킬이 외친다.

> 지금 이 순간, 마법처럼 날 묶어왔던 사슬을 벗어 던진다.
> 지금 내겐 확신만 있을 뿐 남은 건 이제 승리뿐
> 그 많았던 비난과 고난을 떨치고 일어서 세상으로 부딪혀 맞설 뿐
> 지금 이 순간. 내 모든 걸. 내 육신마저, 내 영혼마저 다 걸고.
> 던지리라. 바치리라. 애타게 찾던 절실한 소원을 위해.

이 가사의 원문은 이렇다.

> *This is the moment, When all I've done, All of the dreaming scheming and screaming become one. This is the day, See it sparkle and shine! When all I've lived for becomes mine!*
>
> *For all these years I've faced the world alone. And now the time has come, To prove to them I've made it on my own!*
>
> *This is the moment. My final test. Destiny beckoned. I*

never reckoned second best. I won't look down. I must not fall. This is the moment. The sweetest moment of them all.

직역하면 이 정도 느낌이다.

> 지금 이 순간, 내가 해온 모든 것, 내 모든 꿈, 계획과 절규가 하나 되리. 바로 오늘, 저 반짝이고 빛나는 모습을 봐! 내 인생을 걸었던 모든 것이 내 것이 되는 순간!
> 지난 세월 동안 홀로 세상에 맞서왔으니, 이제 때가 왔다. 그들에게 내가 스스로 이루었음을 증명할 때가.
> 지금 이 순간, 내 마지막 실험이다. 운명이 손짓한다. 차선은 절대 생각하지 않았다. 난 내려 보지 않을 것이다. 무너지면 안 된다. 지금 이 순간, 모든 것 중 가장 달콤한 순간.

어떤 느낌이 드시는지? 내 의지로 운명의 사슬을 끊으려는 절절한 지킬의 모습은 어디 갔는지? 사랑하는 사람과 가족을 위해 내 육신과 영혼을 걸었던 남자는 어디 갔는지? 비극적 운명을 감당해야 하는 한 남자는 사라지고 냉철한 지성을 관철하려는 과학자의 모습만 보인다. 감흥이 뚝 떨어진다.

브로드웨이 원작을 그대로 들여오던 시장은 대변혁을 맞는다. 음악과 대본을 받아서 국내 실정에 맞게 개작할 수 있는 논 레플리카 공연에 눈을 뜨게 된 것이다. 브로드웨이는 물론 세계 어디든 한국 정서에 맞을만한 공연을 찾아 들여오기 시작했다. 물론, 처음부터 완성도가 높지는 않았다. 대형 뮤지컬의 제작 노하우가 하루아침에 완성되긴 어렵다. 그러나 시간이 갈수록 한국 시장의 특색이 정형화되었다.

먼저 팬덤이 있는 주인공들을 전면에 배치한다. 한국 대극장 뮤지컬에서 단독 주인공으로 작품을 하는 경우는 거의 없다. 인기를 끌 만한 주인공들을 여럿 캐스팅한다. 주인공들이 달라지면 또 다른 감흥을 느낄 수 있는 장점이 있다. 나아가 수많은 배우 간 조합을 통해 공연을 여러 번 보도록 유도한다.

무대와 의상, 소품은 점점 화려해져 갔다. 관객들은 멋진 배우, 몰입할 수 있는 드라마를 화려한 세팅으로 보길 원했다. 이미 세계에서 가장 화려한 수준인 〈오페라의 유령〉에 익숙한 관객들이다. 치열한 경쟁에서 살아남기 위해 제작사들은 더 화려하고 볼거리가 많은 무대를 만들어내고 있다.

유럽 원작 작품들은 원래 화려한 세트가 없는 경우가 많다. 영상이나 간단한 조명으로 연극적 분위기를 잡는다. 그러나 한국에 들여오면 규모가 커지고 화려한 효과로 볼거리를 제공한다. 오스트리아 원작 〈엘리자벳〉에서는 주인공 엘리자벳 주위에 늘 가까이 있는 죽음, 토드Tod가 등장한다. 현지에서는 검은 옷, 가죽바지 정도로 현대적 이미지를 가진 캐릭터로 연출된다. 나름 격정적인 연기로 어두운 분위기를 표현한다. 한국에서는 이 토드를 대개 아이돌 출신 배우들이 연기한다. 기본 틀은 비슷하지만 훨씬 화려한 분장과 격렬한 춤을 선보인다. 특히 〈마지막 춤〉이라는 노래는 날개를 단 앙상블들과 토드의 춤이 어우러져 아이돌 콘서트보다 더 화려한 무대가 펼쳐진다.

〈레베카〉는 또 어떤가. 독일어 원작에서는 음습한 분위기에 맞게 어두운 조명과 무대로 그려진다. 한국에서는 훨씬 기괴한 조명을 줘서 극적으로 연출한다. 노래의 창법도 차이가 난다. 현지 〈레베카〉의 주인공들은 딱딱한 독일어에 맞게 엄격한 느낌으로 노래한다. 한국은 더 처절하게 감정을 드러낸다. 대립하는 캐릭터 사이의 갈등이 더 확실하게 전달된다.

이런 흐름은 창작뮤지컬로 이어진다. 〈프랑켄슈타인〉, 〈웃는 남자〉, 〈마타 하리〉 등 인기를 끌었던 작품들은 모두 화려한 무대와 극적인 스토리를 지향한다. 처참한 상황에 놓인 주인공이 고난을 겪고 사랑에 빠지는 절절한 스토리를 가진다. 그리고 대개 극의 배경으로 유럽의 상류층 생활 모습이 나온다. 그만큼 화려한 무대와 의상이 등장한다. 노래는 또 어떤가. 한국 관객들이 좋아하는 가슴을 후비는 고음으로 작곡된 노래를 부른다. 특히 〈프랑켄슈타인〉은 거의 모든 곡에 고음 처리를 하는 부분이 들어있어 배우들에게 난이도 높은 작품으로 유명하다. 이런 작품들이 흥행에 성공했다. 다시 말해, 한국의 관객이 이런 공연을 좋아한다는 뜻이다.

럭셔리 명품,
뮤지컬

조금만 생각해 보면, 애초에 한국 뮤지컬 시장을 폭발시킨 것은 영국의 메가 뮤지컬이었다. 1960, 70년대 브로드웨이 뮤지컬 침체기를 해결해 준 것도 이 영국 작품들이었다. 화려한 볼거리와 엄청난 스케일로 뮤지컬의 새 흐름을 열었다. 사실, 한국 관객들은 미국 대중문화의 정서 속에서 자란 사람들이다. K팝도 팝송의 틀 위에 만들어졌다. 전 세계를 휘어잡는 한국 영화를 만든 사람들도 젊었을 때는 다 할리우드 키드였다. 뮤지컬도 당연히 브로드웨이를 떠올리며 자랐다. 그런데, 특이하게도 한국 뮤지컬의 대변혁을 이룬 작품은 영국 원작의 〈오페라의 유령〉이었다.

이미 그 전에 정통 브로드웨이 뮤지컬 〈42번가〉를 정식으로 들여와 공연한 적이 있다. 전통적인 브로드웨이 작품인 만큼, 드라마보다 재치 있는 대사와 군무 중심의 쇼에 재미가 집중되어 있었다. 최초의 라이선스 작품이라는 화제를 모았지만, 충격까지 주지는 못했다.

오히려 세계 정서를 지향하는 영국의 메가 뮤지컬이 한국 관객을 바꿔놓았다. 유령과 여주인공의 사랑 이야기, 그것을 파헤치는 남자 주인공의 절박함, 수수께끼 같은 유령의 정체까지 한국이 좋아할 만한 드라마 요소가 모두 들어있었다. 대규모 세트와 볼거리 가득한 무대도 충격을 줬다. 재미있는 것은, 관객들 대부분이 이 작품을 브로드웨이 원작이라고 생각한다는 사실이다. '웨스트엔드'라는 개념이 희박하던 때다. 물론 브로드웨이에 진출해 성공을 거두고 들어온 작품이기도 했다. 게다가 영어로 공연을 하니 당연히 브로드웨이 원작이라고 생각했을 것이다.

〈오페라의 유령〉의 성공 이후 많은 작품들이 레플리카 라이선스로 또 오리지널 공연으로 무대에 올려졌다. 특히 2000년대 초반에는 브로드웨이와 웨스트엔드의 작품들이 집중적으로 소개되었다. 그러나 한국식 정서를 반영한 논 레플리카 공연을 제외하고, 지금까지 인기를 얻어 꾸준히 공연되는 레플리카 작품들은 대부분 웨스트엔드의 메가 뮤지컬들이다. 그렇지 않으면 그보다 더 큰 규모의 디즈니 작품들이 관객의 선택을 받고 있다.

왜 전통적인 브로드웨이 작품이 인기가 없고 메가 뮤지컬 수준의 작품이 인기를 얻을까? 한국 관객은 뮤지컬에서 엄청난 물량이 투입되는 화려한 문화적 경험을 원한다는 의미다. 정통 브로드웨이 작품과는 다른 것이 필요하다는 뜻이기도 하다. 그런데도 왜 한국 관객들은 브로드웨이를 추앙할까? 내가 내린 결론은, 한국에서 브로드웨이라는 말은 작품의 품질을 보장하는 추상적인 브랜드의 역할을 한다는 것이다. 가방이나 신발을 살 때 브랜드를 먼저 인지하듯, 브로드웨이는 명품 이미지를 주는 역할에 한정된다. 현실에서 관객은 정통 브로드웨이보다 더 화려한 것을 요구한다. 명품 브랜드에 걸맞은 볼거리, 그것이 한국 관객이 생각하는 뮤지컬이다.

한국에서는 역사적 맥락이 뒷받침되어 있다. 우리나라에서 오랜 시간 동안 미국의 문화는 곧 선진국의 문화였다. 따라가고 본받아야 할 문화의 원형이었다. 이렇게 브로드웨이는 '문화 선진국의 명품 공연'이라는 이미지를 얻었다. 뮤지컬은 태생적으로 대중문화로 탄생하고 발전되었지만, 한국에서는 클래식에 버금가는 고급문화로 받아들여진다.

뮤지컬을 명품으로 소비하는 경향에는 사회적 맥락도 작용한다. 한국의 뮤지컬 관람객은 단지 작품 그 자체만 생각하고 티켓을 구매하지 않는다. '명품'으로 인정되는 뮤지컬 작품을 구매하며 연결되는 사회적 맥락을 무시할 수 없다. 연인과 기념일에 데이트를 할 때 뮤지컬을 본다. 관람을 하고 나면 극장, 티켓, 포토 월, 빈 무대까지 꼼꼼히 찍어 SNS에 올린다. 뮤지컬 관람 행위가 자신을 돋보이게 하는 수단이 되어있다는 방증이다.

책의 첫머리에 언급했듯, 부르디외는 개인의 취향이 자신의 계급을 드러내는 수단이라고 말한다. 취향은 그가 평생 겪은 배경, 가치관, 계급, 권력에 의해 만들어지는 것이다. 당연히 하루아침에 만들어지지도, 내 마음대로 가지기도 어렵다. 이렇게 만들어진 아비투스 habitus는 계급을 과시하는 가장 근본적인 차이라고 설명한다. 사람들은 명품을 소비하며 자신이 원하는 위계에 들어있다는 것을 과시하려 한다. 한국에서 뮤지컬에 대해 잘 알고 있고, 자신의 취향에 맞춰 작품을 고를 수 있는 행위가 고급한 아비투스를 자랑하는 행위가 되어있다. 이렇게 브로드웨이에서 저급한 쇼로 시작된 뮤지컬은 우리나라에서 최대의 명품 공연으로 등극했다.

이런 관점에서 〈오페라의 유령〉보다 먼저 제작된 〈지하철 1호선〉(1994년)이나 〈명성황후〉(1995년)가 한국 뮤지컬 시장을 여는 작품으로 인정받지 못 하는 이유도 설명 가능하다. 〈지하철 1호선〉은 독일 원작을 한국 실정에 맞게 제작한 작품이다. 1994년 시작해 2008년 폐막까지 4천 회를 공연하며 큰 인기를 얻었다. 조승우는 물론 황정민, 설경구 등 수많은 스타들이 출연했다. 독일 원작자들도 한국 〈지하철 1호선〉의 작품성을 인정해 2000년 1월 1일 이후 저작권료도 받지 않았다. 중국과 일본 공연으로 호평을 받기도 했다. 심지어 독일로 역수출되기까지 했다. 〈명성황후〉는 대극장에서 시장의 가능성을 보여줬다. 국내 뮤지컬 작품 최초로 100만 관객을 돌파했다. 브로드웨이와 웨스트엔

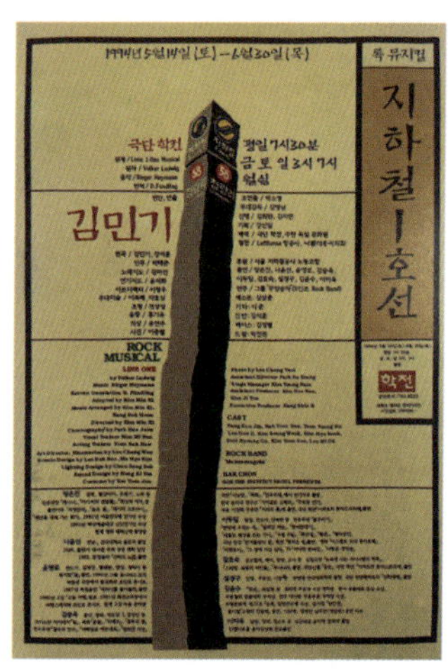

〈지하철 1호선〉 초연 포스터(학전 제공)

〈지하철 1호선〉 1천 회 공연 사진(2000년)(학전 제공)

드로 진출한 첫 작품이기도 하다.

하지만 이 두 작품의 성공에서 한국 뮤지컬 시장의 시작점을 찾지 않는다. 가장 큰 이유는 서구식 작품과 다른 정서와 작법으로 만들어졌기 때문이다. 〈명성황후〉는 당시 '장엄한 무대', '외국에 자랑할 만한 우리의 문화 상품' 등 화제를 이끌며 인기를 얻었다. 하지만 한국 관객들은 '명품 브로드웨이 공연'과 다른 콘텐츠로 받아들였다. 〈지하철 1호선〉은 열한 명의 배우가 출연하는 소극장 공연이다. 이 작품은 대학로 공연의 연장선에서 이해될 뿐 뮤지컬의 주요 흐름과는 다른 작품으로 평가된다. 지금까지 살펴보았듯, 나는 한국에서 뮤지컬은 브로드웨이로 대표되는 서구권 문화를 기반으로 메가 뮤지컬 수준의 화려한 볼거리를 제공하는 '명품 공연'이라는 이미지가 기저에 깔려있다고 생각한다.

K뮤지컬 한류는
가능한가?

한류 전성시대다. 이제 'K'를 앞에 붙인 K팝, K드라마는 물론 음식이나 일상용품까지 한류가 세계를 움직이고 있다. 이 얼마나 가슴 뛰는 일인지, 문화 강국을 꿈꿨던 김구 선생님까지 생각날 정도로 뿌듯하다. 불과 한 세대 전만 해도 영화는 할리우드를 이길 자 없었고, 아카데미는 꿈도 꿀 수 없는 무대였다. 마이클 잭슨은 신적인 존재였고, 이 땅의 모든 젊은이들은 미국의 비트에 몸을 흔들었다. TV에 트렌디한 한국 드라마가 막 뜨고 있었지만, 외화 시리즈가 더 대우받던 세상이었다. 한국의 대중문화는 품질이 떨어지는 B급 상품이었다. 미국의 아류라는 그림자가 드리워 있었다. 한국이라는 우물 속에서 치고받고 싸우는 개구리들 놀음쯤으로 생각했다. 하지만, 지금은 어떤가. 한국 콘텐츠가 우리의 문화적 저력을 바탕으로 새로운 세계를 개척해 냈다. 이런 변화를 하루가 다르게 확인하고 있다.

지금 세계를 호령하는 K콘텐츠들은 모두 까다로운 한국의 문화 소비자들을 만족시키는 검증 과정을 거쳤다. 그렇게 국내에서 인기를 얻고 시장이 넘쳐 해외로 진출했다. K팝이 그랬고, 영화가 그랬으며, 드라마가 그랬다. 서태지가 나타나 팝송을 듣던 젊은이들이 한국 노래를 듣게 만들었다. 〈쉬리〉 이후 한국 영화에 대한 신뢰도가 늘어났다. 〈대장금〉 돌풍으로 한국 드라마에 대한 자부심이 생겼다. 대다수의 한국 사람이라면 이런 사실을 알고 있다.

그런데 뮤지컬은? 대다수의 대중들이 알고 있고, 열광하는 한국 창작뮤지컬은 무엇이 있을까? 뮤지컬은 수입된 작품이 아직도 더 대접받는 시장 아니던가? 2001년 〈오페라의 유령〉을 시장의 시작으로 생각하면 아직 한 세대가 지나지 않은 시점이다. 지금 K뮤지컬은 매우 중요한 갈림길에 서있는 것 같다. 세계 시장에 명함을 내밀 수 있는 상황일까? 아니면 이대로 찻잔 속의 폭풍으로 지나갈까. 한국 뮤지컬이 엄청난 성장을 한 것은 맞다. 하지만, 한국 대중 대부분에게 인정받는 콘텐츠가 되어있는가? 또, 뮤지컬의 산업 성장력은 충분한가? 자신 있게 답할 사람은 많지 않아 보인다.

2023년 기준으로 뮤지컬 티켓이 733만 장 팔렸다고 한다. 일곱 명중 한 명은 관람을 했단 뜻이다. 그래도 다수 대중에게 뮤지컬은 마이너한 콘텐츠로 인식된다. 아무리 뮤지컬에서 잘나가는 배우라 해도 손에 꼽을 몇 명을 제외하고는 '쟤 누구니?' 소릴 듣는다. 지금 당장 뮤지컬배우 다섯 명을 떠올릴 수 있는 사람이 몇이나 될까. 시장

규모는 최대라는데 영화처럼 꾸준히 찾아본다는 사람을 주위에서 찾기는 어렵다. 미디어나 영상을 주로 소비하는 사람들에게 뮤지컬은 가끔 계기가 있으면 보는 콘텐츠다. 뮤지컬이 화려하고 고급스럽다는 인식을 가지고 있지만, 인지도 측면에서는 마이너하다. 잘나가는 마이너라니, 이 같은 모순이 어디 있단 말인가.

한국 뮤지컬 시장은 아직 완전히 산업화되어 있지 않다. 콘텐츠 산업화는 시장에 충격을 줄 정도로 성공한 상품이 등장하며 시작된다. 그 성공 사례를 따라 다른 경쟁작이 나온다. 이후 국산 콘텐츠가 시장을 주도하고 기업이 성장해서 복합화가 이루어진다. 콘텐츠가 수익을 내고 재투자되는 선순환 과정이 생기고 인프라가 자리 잡는다. 이렇게 시장이 커지고 규모의 경제가 성립되면 완전한 산업화 단계로 본다. K팝 기업들이 아이돌 그룹을 만들어 내고 복합기업으로 성장해 만들어 낸 결과를 잘 알 것이다. 영화사들의 발전 과정도 비슷하다.

뮤지컬은 이 기준으로 보면 산업화 초기 단계에 들어선 정도다. 연 4,600억 원 규모의 시장으로 성장했지만 선순환 과정이 자리 잡지 못했다. 오히려 손실을 감수하는 제작사도 많다. 인프라는 어느 정도 갖춰지고 있지만, 복합기업으로 성장한 제작사는 찾기 힘들다. 시장의 크기에 비해 경쟁하는 작품들이 너무 많다.

앞서 살펴본 것처럼 시장이 커지지 않는 것은 마니아 중심의 소비 형태가 큰 영향을 미친다. 한국 뮤지컬은 불특정 다수의 관객보다 일부 애호가가 반복적으로 소비하는 시장이다. 뮤지컬 시장이 성장했지만, 다양한 관객이 진입한 것은 아니었다. 애호가들이 시장을 버텨온 중심 역할을 해온 것은 맞다. 그러나 산업화를 이루기 위해서는 더 넓은 소비자가 필요하다. 다양성과 규모를 갖춰야 생산과 소비가 원활해지기 때문이다. 시장이 충분히 산업화되지 않은 상황에서는 안정적인 콘텐츠 생산이 어렵다.

좁은 시장을 확대하기 위해 해외로 눈을 돌릴 필요도 있다. 여기서 가장 큰 걸림돌은 국내 작품들이 아직 라이선스 위주라는 점이다. 모든 K콘텐츠들은 한국의 작은 시장 규모 한계를 넘어서 해외 시장을 개척하고 비약적인 성장을 했다. 뮤지컬 시장도 마찬가지로 성장할 수 있다. 그러나 한국 뮤지컬 제작사가 지적재산권을 가진 양질의 작품을 많이 확보하기 전엔 해외 시장 개척은 불가능하다.

그러나 난 두 가지 관점에서 K뮤지컬 한류의 가능성은 높다고 본다. 첫 번째로, 한국 뮤지컬의 작품 성격이 세계인에게 어필하기 충분하다고 생각한다. 한국 작품들은 드라마가 강하다. 캐릭터와 노래도 관객의 정서에 깊게 어필하는 것이 많다. 끊임없이 화려한 볼거리도 제공한다. 한류드라마가 OTT를 통해 전 세계 관람객에게 사랑받는 이유와 일맥상통한다.

한국은 세계와 연결되면서도 우리만의 특성을 지켜낸 문화적 배경을 가지고 있다. K콘텐츠의 강점은 '혼종성hybridity'에 있다. 우리는 미국 대중문화를 답습하는 데 그치지 않았다. 미국 문화와 한국의 문화는 일치하지 않기 때문에 충돌할 수밖에 없었다. 이 갈등 속에서 완전히 새로운 문화를 만들어 냈다. 세계 대중문화의 원형을 이루는 미국의 것을 받아들이면서 한국이 가지는 특성들을 결합했다. 이렇게 만들어진 K콘텐츠들은 독특한 감성으로 세계인들을 자극했다.

뮤지컬도 마찬가지다. 서구문화에서 그 원형을 가져왔지만, 우리만의 정서로 채운 콘텐츠들이다. 새로우면서도 세계적인 감수성을 가지게 되었을 것이다. 화려한 볼거리와 정서를 자극하는 드라마를 가진 뮤지컬은 세계적 경쟁력을 가졌다고 본다. 특히, 콘텐츠의 평가에 깐깐한 한국 관객들의 인정을 받은 작품이라면 더할 나위가 없다.

두 번째 가능성은 해외 시장의 변화에 있다. K콘텐츠를 대하는 해외의 시각이 완전히 달라졌다. 불과 10년 전만 해도 한국 공연 콘텐츠는 해외에서 그리 대우받지 못했다. 서구권 관람객들 관점에서 대부분의 공연들은 다 그들이 원조다. 굳이 아시아 동쪽 끝 변방의 나라에서 만든 공연을 볼 이유가 없었다. 지금은 다르다. 모든 분야에서 한국 콘텐츠를 확보하려 경쟁한다.

1960~70년대 일본 문화가 서구에 큰 영향을 줬었다. 서구의 틀에서 한계를 느낀 예술가들이 일본 문화의 색다름에 열광했다. 시각예술, 영화, 음악 등 모든 분야에서 일본의 것들을 따라 했다. 이젠 한국의 콘텐츠가 그런 대우를 받기 시작했다. 한국은 더 이상 변방의 이름 모를 나라가 아니다. 한류의 흐름이 대세로 자리 잡았다. 이 기세는 한동안 계속될 것이다. 뮤지컬도 이 흐름에 동참할 수 있다. 뮤지컬은 이제 막 세계 시장으로 진출하는 단계다. 시행착오가 있을 수 있다. 해외에서 제작하는 여건도 만만치 않을 것이다. 그러나 언젠가는 넘어야 할 산이다. 이 고비를 넘으면 가능성은 충분하다고

〈위대한 개츠비〉 브로드웨이 공연 장면
(오디컴퍼니 제공)

생각한다.

이런 흐름의 단초를 찾을 수 있는 것이 〈어쩌면 해피엔딩〉과 〈위대한 개츠비〉다. 〈위대한 개츠비〉는 한국의 제작자인 신춘수 대표가 리드 프로듀서로서 한국식 프로덕션 노하우를 적극 반영해 제작한 작품이다. 그는 〈지킬 앤 하이드〉를 한국에 들여와 성공시킨 당사자다. 신춘수 대표는 〈위대한 개츠비〉에서 한국의 뮤지컬처럼 화려한 볼거리를 끊임없이 쏟아낸다. 작품은 미국 상류층의 생활을 배경으로 한다. 이들의 사치스러운 생활을 구현한 무대는 한시도 눈을 뗄 수 없는 연출이 펼쳐진다.

최근 작품들은 짓기 어려운 세트를 보완하기 위해 영상을 사용한다. 영상을 많이 사용하면 세트가 단순하고, 반대로 세트에 공을 들이면 영상을 적게 쓰는 것이 보통이다. 그렇게 해야 제작비도 절감하고 효율적인 무대 운영도 가능하기 때문이다. 하지만 〈위대한 개츠비〉는 다르다. 세트도 화려하기 그지없고 그에 맞춘 영상이 끊이지 않아 화려함을 배가시킨다. 상류층이 타는 자동차를 클래식카로 제작해 무대에서 타고 다닌다. 파티를 할 땐 화려한 탭댄스와 배우들의 군무가 칼각으로 맞춰진다. 절로 탄성이 나온다. 의상은 또 어떤가. 도대체 몇 벌을 준비했는지 모를 정도로 쉼 없이 멋진 옷을 갈아입고 나온다. 이 결과 〈위대한 개츠비〉는 2024년 제69회 드라마 데스크 어워즈Drama Desk Awards 최우수 무대 디자인상, 제77회 토니 어워즈 의상 디자인상을 받았다. 현지 매체에서도 〈위대한 개츠비〉의 화려함에 집중했다.

'린다 조가 디자인한 1920년대 의상은 보는 재미가 쏠쏠하다⋯ 개츠비의 노란색 롤스로이스와 톰의 파란색 쿠페가 화려하게 무대 위로 올라온다⋯ 반짝이는 불꽃들은 놀랍도록 사실적이다.(《뉴욕타임스》)'

'극장의 넓은 무대를 최대한 활용하여 아르데코 양식의 프로시니엄과 공간을 재구성하는 무한한 이동식 평면을 배치했다⋯ 이처럼 전문적인 영상 디자인이 구현된 사례는 드물다.(《버라이어티》)'

'우리는 극도로 (긍정적인 의미로!!) 자극을 받는다. 거품, 자동차, 무대 위의 불꽃놀이까지, 온몸을 들썩이게 하는 신나는 댄스 넘버가 펼쳐진다.(《씨어틀리》)'

초연에 대해 여러 평가가 나왔지만, 화려한 무대에 대해서는 모두 동일하게 호평이었다. 이 여세를 몰아 〈위대한 개츠비〉는 브로드웨이 롱런 히트작에 등극한다.

〈어쩌면 해피엔딩〉은 소규모 작품이지만, 무대의 화려함과 내용의 보편적 공감대로 관객들을 사로잡았다. 《뉴욕타임스》는 '〈어쩌면 해피엔딩〉은 생소한 제목, 일부에게는 거부감을 주는 소재에도 불구하고⋯ 출연진이 단 네 명으로 매우 적지만, 최첨단 기술을 사용한 무대 덕분에 웅장한 느낌을 준다. 브로드웨이에서 볼 수 있는 가장 복잡하고 정교한 무대 중 하나'라고 성공의 이유를 분석했다. 《버라이어티》는 '두 로봇의 사랑을 보며 관객들이 눈물 흘리는 모습은 기분 좋은 놀라움을 선사한다… 이 작품은 우리가 로봇과 크게 다르지 않을지도 모른다는, 혹은 로봇이 우리와 크게 다르지 않을지도 모른다는 대담한 주장을 펼친다'는 평가를 내렸다. 이제까지 보지 못했던 무대와 정서지만, 화려한 볼거리와 보편적인 공감대를 주고 있다는 의미다. 그 결과 토니상을 수상하고, 호평 속에 런던 웨스트엔드까지 진출한다.

물론, 브로드웨이에서 공연한 〈위대한 개츠비〉나 〈어쩌면 해피엔딩〉이 제대로 된 한국 창작뮤지컬이 아니라는 비판도 존재한다. 〈위대한 개츠비〉는 한국인 제작자가 작품을 만들었다고 해도 창작자를 포함한 대부분의 스태프들이 브로드웨이 현지인들이었다. 〈어쩌면 해피엔딩〉은 곡을 만든 윌 애런슨이 미국식 정서를 많이 적용한 작품이다. 한국에서 소극장 작품이었던 것을 브로드웨이 대극장 작품으로 옮기면서 미국 스태프들이 적극적으로 개입하기도 했다. 〈어쩌면 해피엔딩〉으로 받은 다섯 개의 토니상 중 네 개 부문은 미국인 창작자들이 받았다.

그렇다 해도 이 두 작품이 보여준 가능성은 당연히도 한국 뮤지컬의 저력에서 나온 것이다. 이곳의 제작자들과 창작자들은 한국이라는 불모지를 개척해 새로운 시장을 만든 사람들이다. 브로드웨이 시스템을 어깨너머로 배웠지만 그대로 답습하지 않았다. 이곳 특유의 상황을 이겨내고 관객의 정서를 울리는 방법을 고안해 냈다. 이 방법이 브로드웨이라는 메이저 시장에 신선한 충격을 줬다. 작품에 특유의 경쟁력이 없었다면 이렇게 주목을 받지 못했을 것이다. 비유하자면, 외국인이 한국의 전통음악을 사사해 공연했는데 오히려 더 인기를 얻었다고 할까. 즉 K뮤지컬이 문화적 거부감을 주거나 수준이 떨어질 것이라는 선입견을 넘어섰다는 의미다. 오히려 기존의 브로드웨이 작품과는 다른 매력을 보여줬다는 뜻이기도 하다. 그래서 시장에서 성공하고 최고의 상을 받았다.

세계적으로 인기를 끌고 있는 K콘텐츠들은 한국 특유의 화려한 형식과 감성을 자극하는 내용을 담고 있다. 이곳의 까다로운 소비자들을 만족시킨 콘텐츠들이 살아남아 세계로 진출했다. 뮤지컬도 그러리라고 생각한다. 한국 관객들도 이미 브로드웨이를 넘어 다른 방향으로 가고 있다. 미국 사람들 특유의 정서에 맞춰진 공연물이 아닌, 조금은 다르게 진화한 콘텐츠로 뮤지컬을 받아들이고 있다. 이렇게 조금은 독특한 방향으로 K뮤지컬이 발전해 왔다. 그리고 그 작품들이 조금씩 다른 문화에 살고 있는 사람들에게 알려지기 시작했다. 다른 한류 문화가 해외에서 돌풍을 일으킨 것처럼, 이제 뮤지컬이 그렇게 되리라 기대한다. 이미 뮤지컬의 정형을 만들어 낸 브로드웨이에서 새로운 바람을 일으키기 시작했다. 곧 전 세계를 감동시킬 한국 뮤지컬의 시대가 오리라 조심스럽게 예견해 본다.

우리에게
뮤지컬은 무엇인가?

지금, 한국의 뮤지컬은 조금 독특하다. 왜 그런 모습을 가지게 되었나 하는 애정 어린 궁금증으로 글을 쓰기 시작했다. 그렇게 한국의 문화적 맥락 밖에서 굴러 들어온 뮤지컬에 이래저래 딴지를 걸어 살펴보았다. 문화콘텐츠는 그것을 향유하는 사람들 속에서 자연스럽게 사랑을 받기도 하고 잊히기도 한다. 대중의 정서에 부합하여 생명력을 가지기도 하고, 정치적인 보호를 받아 살아남기도 한다. 반대로 대중의 사랑을 받아도 사회적 이념이 용납하지 않아 없어지기도 한다. 한국 뮤지컬도 복잡한 발전 과정을 거쳤다. 겉보기엔 짧아 보이지만 그 아래 깊은 문화적인 맥락을 가지고 있다는 사실을 공유하고 싶었다. 빙산의 꼭대기를 이해하기 위해서 그 밑의 거대한 얼음덩어리를 알아야 하는 것과 비슷하다고 할까.

우리는 브로드웨이와 달랐다. 뮤지컬은 서양에서 돈과 여유가 생긴 대중들이 여가를 즐기려는 의도에서 시작되었다. 그리고 고급문화에 대한 선입견이 없던 미국에서 장르가 완성되었다. 그 과정은 뭔가 있어 보이려는 계급의식이나 순수한 예술적 완성을 이루려는 의도와 거리가 있었다. 한 사람이라도 더 많은 관중을 끌어모으려는 제작자가 있었다. 조금이라도 더 재미있는 경험을 하려는 관객들도 있었다. 이 두 가지 요구가 오랜 시간 동안 교류하며 문학, 음악, 미술, 무용이 결합된 뮤지컬을 탄생시켰다.

반면, 한국에서 뮤지컬은 전근대의 저급한 대중문화를 대체할 서구의 명품 공연으로 자리 잡아왔다. 한국전쟁 이후 우리가 삶의 목표로 삼았던 미국 문화의 일부분으로 받아들여졌다. 결국 대중문화이지만 고급문화로 평가되는 한국 특유의 뮤지컬 관람 시장이 형성되었다. 지금 한국의 뮤지컬은 공연계의 최강자로 등극했다. 하지만 아직 독자적으로 산업적 영향력을 미치기엔 살짝 부족해 보인다. 보이지 않는 벽이 있는 모양새다.

한국은 이제 독자성을 지닌 시장으로 성장했다. 그만큼 경쟁력을 갖추기도 했고, 우리만의 문제점도 생겨났다. 세계의 주목을 받기 시작한 지금, 그 보이지 않는 벽을 넘어서야 할 숙제가 생겼다. 이곳의 문제에 브로드웨이가 무조건 답을 주지는 않는다. 다 큰 어른이 되어가는 지금, 우리 문제는 우리 스스로 해결해야 한다.

메이저 시장인 브로드웨이를 배척하자는 의미는 아니다. 한동안 우리가 우러러보고 따라 했던 브로드웨이의 화려한 거품을 빼고 냉정한 눈으로 봐야 한다. 이제 그들의 작품을 따라만 해서는 살아남을 수 없다. 전통적인 브로드웨이 시스템에서 무엇을 버리고 무엇을 배워야 할지 생각해 봐야 한다. 특히 긴 역사를 통해 공연시장이 이루어진 그곳의 시스템을 곰곰이 뜯어볼 필요가 있다. 그들의 제작 및 판매 시스템 같은 것들은 지금 당장 우리가 따라 하기 어렵다. 하지만 거기서 우리가 배울 것은 분명히 있다. 뮤지컬 제작에 참여하는 사람들과 그 작품을 보는 관객들이 모두 행복하게 선순환할 수 있는 환경을 만드는 데 힌트를 찾을 수 있다고 생각한다.

명품 콘텐츠로서의 뮤지컬, 그런 작품들을 사랑하는 비교적 좁은 범위의 관객들로 이루어진 시장을 비판만 할 수는 없다. 한국의 뮤지컬은 상황에 맞춰 그런 특성으로 발전했을 뿐이다. 여기서 어떤 특성들을 뽑아내서 우리의 장점으로 승화할 것인지, 좁은 시장의 틀을 확대하는 바른 방향은 무엇인지 고민해야 한다. 뮤지컬은 본토 브로드웨이에서 올드하게 받아들여지지만, 한국에서 젊고 핫한 콘텐츠로 인식된다. 그만큼 우리에게 앞으로의 가능성이 더 많다는 의미다.

나는 그렇게 만들어지는 한국 뮤지컬이 우리의 지적재산으로 쌓이길 바란다. 우리가 주도권을 가지고 훌륭한 작품을 세계에 배급하는 순간이 오길 희망한다. 그렇게 뮤지컬이 핵심 소스가 되어 확장된 콘텐츠가 나오면 누구도 무시할 수 없는 K뮤지컬의 시대가 열릴 것이다. 이 모든 것은 지금 우리 뮤지컬이 어떤 모습인지 냉정한 현실 인식을 가지는 데서 시작한다고 본다. 지금 다시 한번 질문을 던져보아야 한다. 우리에게 뮤지컬은 무엇인가?

1. 국내 단행본

- A. J. Lerner, 안정모 역, 《뮤지컬의 역사》, 다라, 2004.
- 고정민, 《문화콘텐츠 경영전략》, 커뮤니케이션북스, 2007.
- 극단 현대극장 30주년 기념사업위원회, 《현대극장 30년사》, 연극과 인간, 2008.
- 김의경, 유인경, 《박노홍의 대중연예사 1-한국악극사 · 한국극장사》, 연극과 인간, 2008.
- 뤼디거 베링, 김태은 역, 《뮤지컬-한눈에 보는 흥미로운 뮤지컬의 세계》, 예경, 2005.
- 박만규, 《한국 뮤지컬 반세기 스토리》. 한울, 2017.
- 박만규, 《한국 뮤지컬사》, 한울, 2011.
- 박명성, 《드림프로듀서》, 북하우스, 2019.

- 설도윤, 《오페라의 유령, 가면을 벗다》, 도서출판 숲, 2005.
- 원종원, 《뮤지컬》, 커뮤니케이션북스, 2013.
- 유인경, 《한국 뮤지컬의 세계-전통과 혁신》, 연극과 인간, 2009.
- 예술경영지원센터, 《2008 뮤지컬 실태조사》, 문화체육관광부, 2008.
- 예술경영지원센터, 《2015 뮤지컬 실태조사》, 문화체육관광부, 2015.
- 예술경영지원센터, 《2024년 공연시장 티켓판매 현황 분석 보고서》, 문화체육관광부, 2025.
- 이동섭, 《뮤지컬의 이해》, 살림, 2012.
- 이수진, 조용신, 《뮤지컬 이야기》, 도서출판 숲, 2011.
- 정기은, 《국내 뮤지컬 산업현황 및 발전방안 연구》, 한국문화관광연구원, 2011.
- 지혜원, 《브로드웨이 브로드웨이》, 도서출판 숲, 2015.
- 최민우, 《뮤지컬 사회학》, 이콘출판(주), 2014.
- 최창주, 《한국 뮤지컬》, 엠-애드, 2010.
- 피에르 부르디외, 최종철 역, 《구별짓기》, 새물결, 2005.
- 한소영, 《공연예술의 꽃, 뮤지컬 A to Z》, 도서출판 숲, 2012.

2. 학위논문

- 공동규, 《뮤지컬에서 무용의 예술적 영역과 안무가의 역할에 관한 연구 분석》, 전북대학교 석사학위논문, 전북, 2010.
- 박경선, 《한국 뮤지컬의 역사와 그 문제점에 관한 연구》, 중앙대학교 석사학위논문, 서울, 1998.
- 유희성, 《한국 창작뮤지컬의 발전방향에 대한 연구》, 중앙대학교 석사학위논문, 서울, 1995.
- 임찬묵, 《한국 대극장 뮤지컬의 제작비 구조와 변화 분석-2008년~2017

년 10년간 공연된 작품을 중심으로》, 성균관대학교 박사학위논문, 서울, 2019.

3. 해외 단행본

- Baumol, W. and Bowen W., *Performing Arts - The Economic Dilemma : A Study of Problems Common to Theater, Opera, Music and Dance,* Twentieth Century Fund, New York, NY, 1966.
- Berktold, Jennifer, *Supplying the great white way: Broadway producers, temporary organizations, and the hazards of the market,* The University of Chicago Sociology, 2014.
- Bourdieu, Pierre, translated by Richard Nice, *Distinction: a social critique of the judgement of taste,* Harvard University Press, Cambridge, MA, 1984
- Hurwitz, Nathan, *A History of the American Musical Theatre: No Business Like It,* Taylor & Francis, New York, NY, 2014.
- Jack Viertel, *The Secret Life of the American Musical: How Broadway Shows Are Built,* Sarah Crichton Books, New York, NY, 2017.
- Lamb, Andrew, *150 years of popular musical theatre,* Yale University Press, New Haven, CT, 2000.
- Michael Riedel, *Razzle Dazzle - The Battle for Broadwayt,* Simon & Schuster Paperbacks, New York, NY, 2016.
- Philip Kotler & Joanne Scheff, *Standing Room Only: Strategies for Marketing for the Performing Arts,* Harvard Business School Press, Boston, MA, 1997.
- Robert Sellers, *When the British Musical Ruled the World: From Evita to Miss Saigon,* Applause, Lanham, MD, 2023.

- Stempel, Larry, *Showtime: A History of the Broadway Musical Theater,* W. W. Norton & Co. Inc., New York, NY, 2010.
- The Broadway League, *The Demographics of the Broadway Audience 2018-2019 Season,* The Broadway League, New York, NY, 2019.
- The Broadway League, *The Demographics of the Broadway Audience 2023-2024 Season,* The Broadway League, New York, NY, 2024.
- Weiss, Mitch & Gaffney, Perri, *The Business of Broadway: An Insider's Guide to Working, Producing, and Investing in the World's Greatest Theatre Community,* Allworth Press, New York, NY, 2017.

4. 국내 학술지 논문

- 고정민, 〈산업화에 접어든 공연예술〉, 《Issue Paper》 2003. 5. 28., 삼성경제연구소, 2003.
- 김나민, 홍나영, 이문규, 〈뮤지컬 출연배우의 전문성과 인지도가 관람객의 관람의향에 미치는 영향〉, 《상품학연구》 제28권 3호, 한국상품학회, 2010.
- 김승옥, 〈대중극의 문화적 지형 연구–뮤지컬의 대중문화적 함의를 중심으로〉, 《돈암어문학》 17, 돈암어문학회, 2004.
- 김영아, 〈브로드웨이의 영향과 수용 속에서 성장한 한국 뮤지컬의 향후 과제〉, 《인문콘텐츠》 제10호, 인문콘텐츠학회, 2007.
- 김희석, 〈'공연 실황 중계' 모델과 비용질병 – 영국 국립극단 'NT Live'에 대한 생산성 분석〉, 《예술경영연구》 39, 한국예술경영학회. 2016.
- 김희선, 〈케이 뮤지컬의 아시아 이동: 일본 공연 한국 뮤지컬의 다층적 성격과 의미〉, 《음악과 문화》 제36호, 국민대학교, 2017.
- 노승국, 김상용, 〈뮤지컬 더블캐스팅에 대한 소비자 구매의도 연구〉, 《문화경제연구》 제18권 제1호, 한국문화경제학회, 2015.

• 박현주, 임대근, 〈국내 라이선스 뮤지컬 공연 현황과 특징 분석〉, 《인문콘텐츠》 제40호, 인문콘텐츠학회, 2016.

• 백선혜, 이정현, 조윤정, 〈포스트코로나 시대 비대면 공연예술의 전망과 과제〉, 《정책리포트》 307호, 서울연구원. 2020.

• 송은아, 표원섭, 임준묵, 〈뮤지컬 공연에서 관객의 관람만족에 영향을 미치는 요인〉, 《한국엔터테인먼트산업학회논문지》, Vol.11, No.4, 한국엔터테인먼트산업학회, 2017.

• 송필석, 〈공연예술 관객만족도에 관한 실증연구〉, 《문화경제연구》 Vol.11, No.4, 한국엔터테인먼트산업학회, 2017.

• 유인경, 〈1960년대 연극계의 신동향과 현대 뮤지컬의 형성〉, 《한국문학이론과 비평》 제37집, 한국문학이론과 비평학회, 2007.

• 유인경, 〈1970년대 한국 뮤지컬의 변화 양상〉, 《한국문학이론과 비평》 제43집, 한국문학이론과 비평학회, 2009.

• 유인경, 〈한국 뮤지컬 산업의 성장 동력과 그 문제점-현대예술극장, 롯데월드 예술극장, 삼성영상사업단 등 대기업 진출 사례를 중심으로〉, 《공연문화연구》 제21집, 한국공연문화학회, 2010.

• 원종원, 〈한국 뮤지컬산업의 시장 특성에 관한 고찰〉, 《서비스 마케팅 저널》 Vol.13, 서비스마케팅학회, 2010.

• 이강임, 〈세계화와 문화산업: 브로드웨이 뮤지컬, 글로벌 브랜드〉, 《미국학논집》 42권, 3호, 한국아메리카학회, 2010.

• 이은혜, 〈아시아의 중심, K-Musical의 역할과 가능성〉, 《한국엔터테인먼트산업학회논문지》 Vol.14, No.2, 한국엔터테인먼트산업학회, 2020.

• 이정화, 정기은, 〈국내 뮤지컬 산업의 발전상황과 변화〉, 《문화산업연구》 Vol.13, No.4, 한국문화산업학회, 2013.

• 임찬묵, 〈뮤지컬 회전문 관객의 미시사회학적 분석〉, 《문화산업연구》 Vol.10, No.2, 한국문화산업학회, 2017.

• 임찬묵, 〈한국과 브로드웨이 뮤지컬 제작비 구조 비교 분석: 2016~2017

시즌을 중심으로〉, 《문화산업연구》 Vol.20, No.4, 한국문화산업학회, 2020.

- 임찬묵, 오하나, 〈코로나19 상황에 대한 공연계 인식 연구〉, 《문화산업연구》 Vol.21, No.3, 한국문화산업학회, 2021.
- 장사선, 김호연, 〈한국 근대 악극의 형성과 전개〉, 《동서문화》 제9집, 홍익대학교인문과학연구소, 2005.
- 정우정, 한정호, 〈포스트 코로나 시대의 공연예술의 전환적 패러다임〉, 《문화경제연구》, Vol.23, No.3. 한국문화경제학회, 2020.
- 지성욱, 이세진, 조인희, 〈한국 뮤지컬 시장 발전을 위한 연구〉, 《한국엔터테인먼트산업학회 학술대회 논문집》 2014. 05, 한국엔터테인먼트산업학회, 2014.
- 최승연, 〈1980년대 한국 뮤지컬 공연의 양상〉, 《한국학연구》 24, 고려대학교 한국학연구소, 2006.
- 최승연, 〈악극 성립에 관한 연구〉, 《어문논집》 제49권 49호, 민족어문학회, 2004.
- 최원근, 임병진, 〈우리나라 뮤지컬의 산업화 역사와 발전방안에 관한 고찰〉, 《경영사학》 제30집 제3호, 한국경영사학회, 2015.
- 최태규, 〈문화콘텐츠로서 뮤지컬의 선택 및 만족요인〉, 《한국콘텐츠학회논문지》 Vol.11, No.6, 한국콘텐츠학회, 2011.
- 홍승희, 정재왈, 〈한국 뮤지컬의 시장현황과 발전방안 연구〉, 《미디어와 공연예술연구》 제10권 제2호, 청운대학교 방송예술연구소, 2015.
- 홍정민, 〈뮤지컬 가사 번역에서 배우의 영향에 대한 고찰 – 〈지킬 앤 하이드(Jekyll & Hyde)〉를 중심으로〉, 《번역학연구》 Vol.18, No.2, 한국번역학회, 2017.

5. 해외 학술지 논문

- Baumol W., *Performing Arts: The Permanent Crisis,* Business Horizons, Vol.10, Issue 3, Kelley School of Business, Indiana University, 1967.

- Elberse, Anita, *Hamilton: An American Musical,* Harvard Business Review July 2016, Harvard Business School, 2016.

- Felton M. V., *Evidence of the Existence of the Cost Disease in the Performing Arts,* Journal of Cultural Economics Vol.18, Kluwer Academic Publishers, 1994.

- Srinvas K. Reddy, Vanitha Swaminathan and Carol M. Motley, *Exploring the Determinants of Broadway Show Succcess,* Journal of Marketing Research, Vol.35, No.3, American Marketing Association, 1998.

6. 기타 통계자료

- 인터파크 ENT, 〈인터파크 공연 결산〉, (2015년부터 2022년까지 발간 자료 참조)

- 한국문화예술진흥원, 〈문예연감〉, (1976년부터 2000년까지 발간 자료 참조)

뮤지컬의 아홉 가지 비밀 - The story of K-musical

초판 1쇄 인쇄 2026년 3월 18일
초판 1쇄 발행 2026년 4월 1일

지은이 | 임찬묵
발행인 | 강봉자, 김은경

펴낸곳 | (주)문학수첩
주소 | 경기도 파주시 회동길 503-1(문발동 633-4) 출판문화단지
전화 | 031-955-9088(대표번호), 9530(편집부)
팩스 | 031-955-9066
등록 | 1991년 11월 27일 제16-482호

홈페이지 | www.moonhak.co.kr
블로그 | blog.naver.commoonhak91
이메일 | moonhak@moonhak.co.kr

ISBN 979-11-7383-041-9 03670

* 파본은 구매처에서 바꾸어 드립니다.